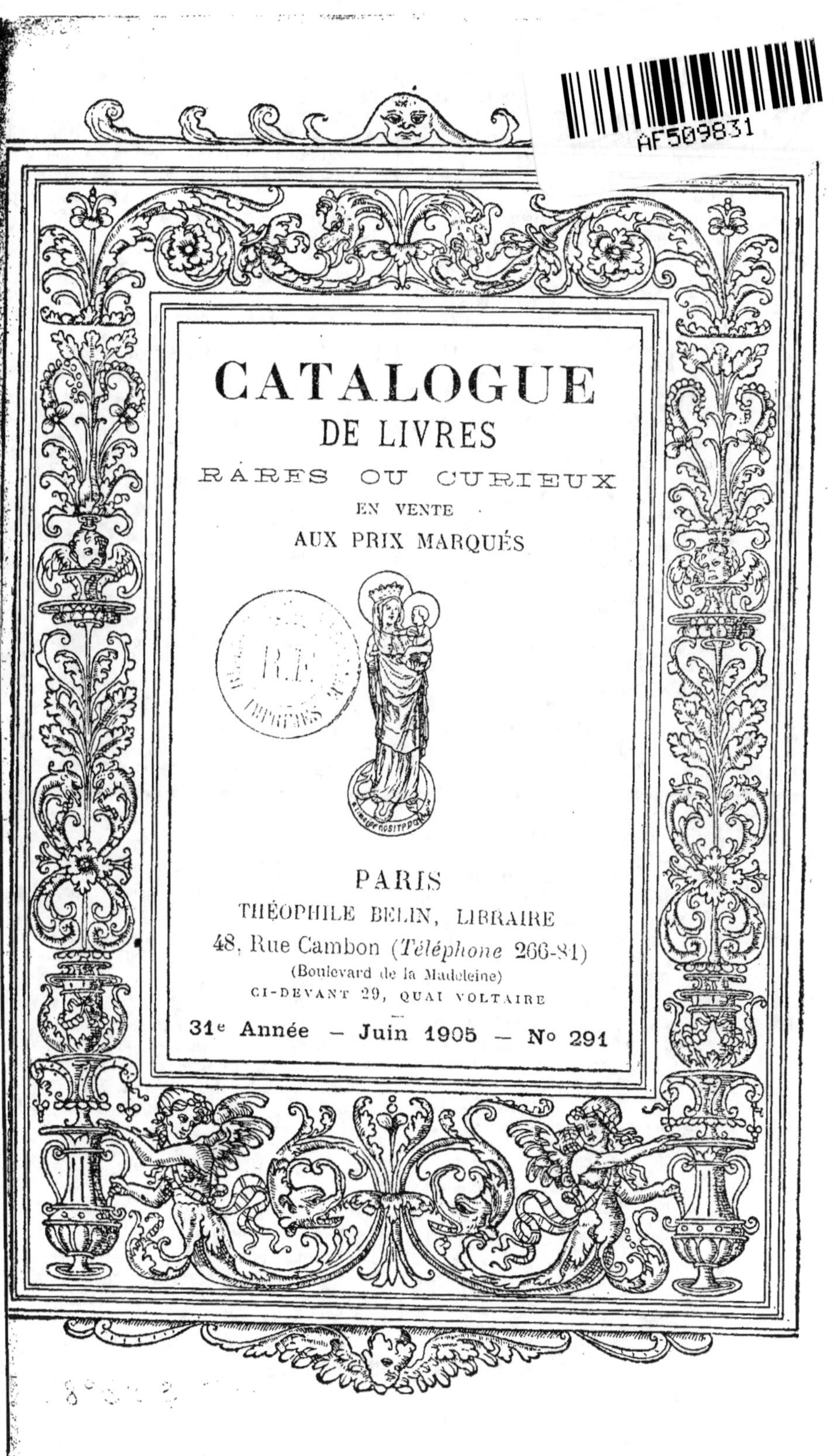

CATALOGUE

DE LIVRES

RARES OU CURIEUX

EN VENTE

AUX PRIX MARQUÉS

PARIS

THÉOPHILE BELIN, LIBRAIRE

48, Rue Cambon (*Téléphone* 266-81)

(Boulevard de la Madeleine)

CI-DEVANT 29, QUAI VOLTAIRE

31e Année — Juin 1905 — No 291

1280. Achillis Tatii de Clitophontis et Leucippes amoribus lib. VIII. Longi Sophistæ de Daphnidis et Chloes amoribus lib. IV. Parthenii Nicæensis de Amatoris affectibus lib. I. Iterum edita grèce ac latinè. *In Bibliopolio Commeliniano (Heidelbergæ)*, 1606 ; in-8, mar. rouge, dos orné, comp. et entrelacs, tr. dor. (*Rel. anc*).   250 fr.

PREMIÈRE ÉDITION, avec le titre renouvelé, du texte grec de ce roman.

1281. Almanach royal, année 1763. *Paris, Le Breton,* 1763 ; in-8, mar. rougé, dos orné, large dent. sur les plats, tr. dor. (*Rel. anc*). . 80 fr.

1282. AMADIS DE GAULA. Los quatro libros de Amadis d'gaula nuevamente impressos z hystoriados. 1533. (A' la fin :) *Acaban se aqui los quatro libros del esforçado & muy virtuoso cavallero Amadis de Gaula fijo del rey Perion y de la reyna Elisena..... El qual fue impresso en la muy inclita y singular ciutad de Venecia por Maestro Juan Antonio de sabia impressor de libros. Alas espesas de M. juã Batista pedrazano e cõpanõ Mercadãte de libros esta al pie del puête de Rialto et tiene por ensêna una torre. Acabose en el año del nacimiento de ñro salvador jesu xpo. de.* MDXXXIII (1533). *A dias vij ael mes de Setiembre. A laude del omnipotente señor dios y de su gloriosa madre. Fue Revisto. Corrigiêdolo de las letras. que trocadas de los impressores erã. por el Vicario del valle de cabeçuela Frãcisco Delicado Natural de la peña de Martos* (1533) ; in-fol., fig. sur bois, mar. brun, dos orné, fil. et comp. dor. et à froid, fil. int., tr. dor. (*Bedford*). 500 fr.

Édition très rare, imprimée à longues lignes, en caractères ronds. Elle se compose de 6 ff. lim. non ch. pour le *Prohemio ael corigidor delas letras mal endereça das* et la table des chapitres et de 350 ff. ch. de texte. Le titre général et les titres de chaque livre sont en caractères rouges ; ils sont ornés de la même figure sur bois. Le texte est enrichi des vignettes qui se trouvent dans les éditions de 1519 et 1531, mais qui ont été ici regravées.

Cette édition manquait à la collection Salva.

Bel exemplaire, très bien conservé, avec les initiales, laissées en blanc, peintes en rouge et bleu. Timbre sur le titre.

1283. Amours (Les) de Madame d'Elbeuf. Nouvelle historique. Contenant plusieurs anecdotes du Cardinal de Richelieu. *Amsterdam, Westein et Smith,* 1739 ; in-12, veau brun, dos à la grotesque et dent. sur les plats frappés à froid, tr. dor. (*Ducastin*).   40 fr.

Volume fort rare.
Aux armes de Ed. de BREUILLY.

1284. AMPIGOLIUS. In figŭrarŭm biblie fructuosù et utile compendium : quod & aure um alias biblie repertoriù nuncu patur, prologus feliciter in choat. *S. l. n. d. ;* in-4, goth., mar. vert, dos et plats orn. de fil. à froid, dent. int., tr. dor. (*Lortic*).   900 fr.

Édition TRÈS RARE, que Hain, décrit sous le n° 13677, elle se compose de 98 ff. à 2 colonnes de 41 lignes, caract. d'Ulrich, Zell à Cologne.

1285. Aneau (Barthélemy). Picta poesis. Ab authore denuo recognita. *Lugduni, apud Ludovicum et Carolum Pesnot,* 1563. (A la fin :) *Lugduni, Mathias Bonhome excudebat;* in-16, fig., veau racine, dos orné, dent., tr. dor. (*Rel. anc.*).   70 fr.

Ouvrage orné de 105 jolies vignettes sur bois que l'on attribue généralement à *Bernard Salomon,* dit le *Petit Bernard.*
L'auteur cite à la fin de son livre divers accidents ou événements mémorables arrivés de son temps dans la ville de Lyon : en 1540, celui de M. de Corberon et de deux amis sur lesquels une maison s'écroula ; en 1552, celui de Fr. Peloux, enseveli pendant sept jours dans un puits ; la naissance d'un chat phénoménal, etc.
Exemplaire avec des notes de François de Neufchâteau, et provenant en dernier lieu de la bibliothèque de FIRMIN-DIDOT.

1286. ANET. NOUVEAU DICTIONNAIRE FRANÇOIS ET LATIN, enrichi des meilleures façons de parler en l'une et l'autre langue, composé par l'ordre du Roy, pour monseigneur le Dauphin. Par M. l'abbé d'Anet. *Paris, veuve Cl. Thiboust,* 1684 ; in-4, front. grav., mar. rouge, compart. de fil., coins et dos ornés de fl. de lys, dent. int., tr. dor. (*Rel. anc.*).   350 fr.

Bel exemplaire aux armes du DUC D'ANJOU, fils du *Grand Dauphin.*

1287. Art (l') de vérifier les Dates des faits historiques, des chartres, des chroniques et autres monumens, depuis la naissance de Notre-Seigneur (par Doms d'Antine, Clémencet,

Durand et Clément). Troisième édition., *Paris, Jombert*, 1783-1787 ; 3 vol. in-fol., veau granit, dos orné, fil. (*Rel. anc.*).   180 fr.

Bel exemplaire de cette édition estimée.

1288. Aubigné. Les Avantures du baron de Fæneste comprinses en quatre parties. Les trois premières reveues, augmentées et distinguées par chapitres. Ensemble la quatriesme partie nouvellement mise en lumière, le tout par le mesme autheur (Théodore Agrippa d'Aubigné). *Au Dézert, imprimé aux despens de l'autheur*, 1630 ; in-8 de 6 ff. prél. et 308 pp., mar. rouge, fil. à froid, tr. dor. (*Trautz-Bauzonnet*).   150 fr.

PREMIÈRE ÉDITION COMPLÈTE.
Exemplaire du second tirage sous cette date, c'est-à-dire avec les trois dernières pages régulièrement chiffrées.

1289. Aubigné (Agrippa d'). Les Aventures du baron de Fœneste. Augmentées de plusieurs remarques historiques, de l'histoire secrète de l'auteur, écrite par lui-même, et de la bibliothèque de maître Guillaume, enrichie de notes par M*** (Le Duchat). *Amsterdam,* 1731 ; 2 vol. pet. in-8, mar. bleu, fil., dos orné, tr. dor. (*Capé*).   75 fr.

Bel exemplaire. Frontispice gravé par *Rigaud*.

1290. AYALA (Pedro Lopez de). LA CRONICA DEL REY DÕ PEDRO [del rey don Enrrique y del rey don Juan]. (A la fin :) *Aqui se acaba la coronica del rey don Pedro, primero deste nombre Rey de Castilla ɤ de Leõ. Imprimiose en la muy noble ɤ imperial cibdad d'Toledo : in casa de Remõ d' petras imprimidor. A Costas y despẽ sas d' Colme damian mercader de libros : vezino dela dicha cibdad. Acabose a diez dias delmes de Nouiembre. Año de mil ɤ qui nientios ɤ veynte ɤ seys ãnos* (1526) ; pet. in-fol. goth., vélin blanc à recouvr. (*Rel. anc.*).   500 fr.

RARE édition des chroniques de Don Pedro. Le frontispice, gravé en bois, représente le roi D. Pedro.
Bel exemplaire, grand de marges, conservé dans sa première reliure.

1291. BAÏF (Jean-Antoine de). Euvres en rime. — Les Amours. — Les Jeux. — Les Passe tems. *Paris, Lucas Brayer*, 1572-1573 ; 4 vol.

in-8, vélin moderne à recouvr., milieux de fers azurés.   750 fr.

Exemplaires grands de marges de ces quatre volumes difficiles à réunir.

1292. Batteux (Abbé). Les Beaux-Arts réduits à un même principe. *Paris, Durand*, 1747 ; in-8, fig., mar. rouge, dos orné, fil., tr. dor. (*Rel. anc.*).   150 fr.

Exemplaire en GRAND PAPIER DE HOLLANDE, tiré de format in-4, orné d'un frontispice, d'un fleuron de titre et de 3 vignettes en-têtes par *Eisen*, gravés par *Delafosse*.

1293. Beaulieu. Les Plans et profils des principales villes et lieux considérables des Comtés de Flandre, Haynaut, Alost, Namur, Limbourg, et Duchés de Gueldre, Cambray, Limbourg, Luxembourg. *A Paris, chez le Sieur de Beaulieu*, s. d. (vers 1700) ; 2 vol. pet. in-4, mar. rouge, semis de fleurs de lys sur le dos et les plats, dent., tr. dor. (*Rel. anc.*).

Réunion de 8 parties de cet ouvrage, connu sous le nom de *Les glorieuses conquêtes de Louis Le Grand.*
1° Comté de Flandre. Titre, Frontispice, Etat des provinces 1 f., Acquisitions de la France, Texte 1 f., Sixain à M. de Beaulieu 1 f., 25 vues, 23 cartes et 28 plans gravés, Texte 3 ff., Lettre du roi à sa sœur, 2 feuillets imprimés.
2° Comté d'Alost ou Flandre impériale. Titre, Provinces échues à la Reine d'Espagne 1 f., Texte 1 f., 2 vues, 3 cartes, 6 plans.
3° Duché de Gueldre. Titre, 1 carte gravés.
4° Duché de Cambray. Titre, 1 vue, 3 cartes et 2 plans gravés, Texte 1 f. imprimé.
5° Comté de Haynaut. Titre, Texte 1 f., 15 cartes, 12 plans, 8 vues gravés, Texte 1 f. imprimé.
6° Comté de Namur. Titre, Texte 1 f., 3 vues, 2 cartes et 2 plans gravés.
7° Duché de Limbourg. Titre, 1 vue, 1 carte, 1 plan gravés.
8° Duché de Luxembourg. Titre, Texte 1 f., 4 vues, 5 cartes et 5 plans gravés, Texte 2 f. imprimés.
Exemplaires dont les planches sont pliées en deux.
JOLIES RELIURES.

1294. Beaumarchais. La Folle Journée ou le mariage de Figaro, Comédie en cinq actes en prose par M. de Beaumarchais. *De l'Impr. de la Société Littéraire typographique et se trouve à Paris, chez Ruault*, 1765 ; in-8, mar. rouge, dos orné, fil., tr. dor. (*Marius-Michel*).   250 fr.

Bel exemplaire tiré sur GRAND PAPIER VÉLIN, contenant la suite des 5 figures dessinées par *Saint-Quentin*, gravées par *Halbou, Liénard* et *Lingée.*

Et de Livres anciens et modernes

1295. Belon (Pierre). Les Observations de plusieurs singularitez et choses mémorables, trouvées en Grèce, Asie, Judée, Égypte, Arabie et autres pays estranges, rédigées en trois livres, par Pierre Belon du Mans. Reveuz de nouveau et augmentez de figures. *A Paris, chez Hier. de Marnef*, 1588 ; in-4, fig., mar. vert, dos orné, fil., tr. dor. (*Rel. anc.*). 150 fr.

 Quatrième édition dans laquelle on trouve les deux cartes des monts Athos et Sinaï, et la seule dans laquelle elles doivent se trouver réunies.

1296. BIBLE. Biblia cû concordantiis veteris et novi testamenti et sacrorum canonum ; nec non et additionibus in Marginibus Varietatis diversorum textinum accetiam cansnibus antiquis quattor evangeliorum. Novissime autrem addite sunt concordãtu er viginti libris Josephi de antiquitatibus et bello judaïco excerpte. (A la fin :) *Impressa aût Lugduni : per jacobum Sacon. Expēsis notabilis viri Antonii Roberger Nureburgensis, feliciter explicit. Anno nostre Salutris* 1521 *Nono Lal. Augusti que est* 24 *julii ;* in-folio, mar. brun, dos et plats ornés de fil. et dent. à froid, dent. int., tr. dor. (*Belz-Niédrée*). 500 fr.

 Très jolie impression en caractères gothiques à 2 colonnes de 14 ff. prélim., 317 ff. chiffrés, 25 ff. non chiffrés et 1 f. blanc. Ornée de nombreuses figures sur bois.

1297. Bibliothèque janséniste ou catalogue alphabétique des principaux livres jansénistes, ou suspects de jansénisme, qui ont paru depuis la naissance de cette hérésie, etc. (par Dominique de Colonia). *S. l. (Hollande)*, 1735 ; in-12, veau fauve (*Rel. anc.*). 6 fr.

1298. Bitaubé. Joseph. Quatrième édition. *Paris, de l'impr. de Didot l'ainé*, 1786 ; in-8, port. et fig., mar. rouge, dos orné, fil., tr. dor. (*Rel. anc.*). 70 fr.

 Très bel exemplaire en GRAND PAPIER VÉLIN orné d'un portrait gravé par *Saint-Aubin*, d'après *Cochin*, et de 9 jolies figures de *Murillier*, gravées par *Née*.
 Reliure de *Derôme* avec son étiquette.

1299. Blason ou art héraldique contenant 29 planches dont 26 simples et une triple. In-fol., demi-rel. toile. 12 fr.

1300. Boccace. Complainte trespiteuse de Flammette à son amy Pamphyle. Translatée d'italien en vulgaire françoys. (A la fin :) *Nouvellement imprimée à Paris, pour Anthoine Bonnemere pour Jehan Longis*, 1532 ; pet. in-8 de 95 ff., mar. rouge jans., doublé de mar. citron, dent., tr. dor. (*Thibaron-Joly*). 225 fr.

 Bel exemplaire d'une très rare édition imprimée en lettres rondes.

1301. BOCCACE. Boccati de Certaldo insigne opus de Claris Mulieribus. *Bernœ Helvet. Mathias Apiarus*, 1539; pet. in-fol., mar. rouge, dos orné, tr. dor. (*Hardy*). 275 fr.

 Très bel exemplaire de cette édition fort rare, illustré de 14 figures sur bois par *Jacques Kobel*. L'une d'elles (f. 73) nous montre la parturition de la papesse Jeanne.

1302. Boileau-Despréaux. Œuvres diverses du sieur D*** (Despréaux), avec le Traité du sublime ou du merveilleux dans le Discours, traduit du grec de Longin. *Paris, Denys Thierry*, 1674 ; in-4, front. et fig., mar. rouge, dos orné, fil., tr. dor. (*Trautz-Bauzonnet*). 160 fr.

 PREMIÈRE ÉDITION sous le titre d'Œuvres : l'*Art Poétique* et le *Lutrin* (IV chants) paraissent ici pour la première fois.
 Bel exemplaire avec les figures de *Chauveau.*

1303. Boileau. Œuvres diverses du sieur D*** (Despréaux) avec le Traité du sublime et du merveilleux dans le Discours, traduit du grec de Longin. Nouvelle édition revue et augmentée. *Paris, Denys Thierry*, 1694 ; 2 vol. in-12, mar. rouge, dos orné, fil., tr. dor. (*Rel.anc.*) 50 fr.

 Édition contenant. outre les anciennes pièces, les épitres X, XI et XII, la satire **X** sur le mariage, l'*Ode sur la prise de Namur*, etc. Les épitres X, XI et **XII** forment une partie séparée à la fin du 1er vol. et ont été ajoutées au livre, par l'éditeur, après 1698. On ne connaît qu'un très petit nombre d'exemplaires avec les ff. complémentaires chiffrés 272-306.

1304. Boileau. Œuvres, nouvelle édition, avec des éclaircissements historiques donnés par lui-même et rédigés par M. Brossette, augmentée de plusieurs pièces, tant de l'auteur qu'aïant rapport à ses ouvrages, avec des remarques et des dissertations critiques par M. de Saint-Marc. *Paris, David et Durand*, 1747 ; 5 vol. in-8, mar.

Achat de Bibliothèques

rouge, dos ornés, fil., fleurons aux angles, tr. dor.   200 fr.

Bel exemplaire de cette excellente édition, ornée d'un beau portrait de Boileau gravé par *Daulé*, d'après *Rigaud*, et de jolies figures et vignettes par *Eisen* et *Cochin*. Jolie reliure du commencement du siècle d'une grande fraîcheur.

1305. Boisrobert (Le Metel de). Le Sacrifice des Muses, au grand cardinal de Richelieu. *Paris, Cramoisy*, 1635. — Epinicia musarum eminentissimo cardinali duci de Richelieu. *Parisiis, Cramoisy*, 1634. Ens. 2 vol. in-4, rel. en un, veau fauve, dos orn., fil., dent. int., tr. dor. (*Niédrée*).   120 fr.

Portrait du cardinal de Richelieu, non signé, et vignette sur chaque titre.

1306. BONNOR (Honoré). L'ARBRE DES BATAILLES. Nouvellement imprimé à Paris. (A la fin) : *Cy fine le livre intitulé larbre des batailles. Imprime a Paris, le 5 jour de juillet 1515, par Michel le Noir*, in-4 goth. à longues lignes, mar. rouge jans., tr. dor. (*Trautz-Bauzonnet*).   600 fr.

Ce livre, que les bibliographes classent généralement parmi les romans de chevalerie, n'est, en réalité, ce qui le rend beaucoup plus précieux et beaucoup plus intéressant, qu'un traité du duel judiciaire et des devoirs de la Chevalerie, tels que la société du moyen âge les entendaient. Ce fut le roi Charles V qui ordonna au prieur de Salon d'écrire cet ouvrage, qui eut alors une vogue immense, attestée par ses nombreuses éditions.

Très bel exemplaire. Joli bois sur le titre.

1307. Borel (P.). Trésor de Recherches et antiquitez gauloises et françoises, réduites en ordre alphabétique, et enrichies de beaucoup d'origines, épitaphes et autres choses rares et curieuses, comme aussi de beaucoup de mots de la langue Thyoise ou Theuthfranque. *Paris, Augustin Courbé*, 1655; in-4, mar. rouge, dos orné, fil., tr. dor.   60 fr.

Bel exemplaire.

1308. BOSSUET. HISTOIRE DES VARIATIONS DES EGLISES PROTESTANTES, par Jacques-Benigne Bossuet. *A Paris, chez la Vve de Seb. Mabre-Cramoisy*, 1688; 2 vol. in-4, portr., mar. rouge, dos ornés à petits fers, fil., tr. dor. (*Rel. anc.*).   300 fr.

Édition originale.
Exemplaire provenant de la bibliothèque de Pontchartrain, avec son ex-libris.

1309. BOUCHET (Jean). Epistres morales et familières du Traverseur. *A Poictiers, chez Jacques Bouchet, a l'imprimerie a la Celle, et davant les Cordeliers. Et a lenseigne du Pelican par Jehan et Enguilbert de Marnef*, 1545 ; pet. in-fol., mar. rouge, tr. dor. (*Hardy*).   200 fr.

Édition rare et recherchée de ces Epîtres très intéressantes pour l'histoire des mœurs en France. On remarque : l'Epistre à messieurs de Justice, l'Epistre à gens de tous mestiers et arts mécaniques (barbiers, peintres, orfèvres, etc.), et particulièrement l'Epistre aux imprimeurs dans laquelle Bouchet donne la liste de ses propres ouvrages en engageant les imprimeurs à les publier désormais plus correctement.

1310. Bouillart (Dom Jacques). Histoire de l'Abbaye royale de Saint-Germain-des-Prez contenant la vie des Abbez qui l'ont gouvernée depuis sa fondation : les hommes illustres qu'elle a donnez à l'Eglise et à l'Etat : les privilèges accordez par les Souverains pontifes et par les Evêques, etc. Avec la description de l'église, des tombeaux et de tout ce qu'elle contient de plus remarquable, par Dom Jacques Bouillart. *A Paris, chez Grégoire Dupuis*, 1724; in-fol., pl., fig., veau, fil. (*Rel. anc.*).   40 fr.

1311. Boulainvilliers (Comte de). Histoire des Arabes, avec la vie de Mahomet. *Amsterdam, P. Humbert*, 1731; 2 tomes en 1 vol. in-12, veau fauve, dos orné (*Rel. anc.*). 8 fr.

Aux armes du duc DE BRANCAS.

1312. BOULLAY (du). LES DIALOGUES DES TROYS ESTATZ DE LORRAINE. Sus la tresioieuse Nativité de treshault et tresillustre prince Charles de Lorraine, filz aisné de très hault et tres puissant Prince Francoys par la grace de Dieu Duc de Bar, etc. Et de tres hault et tres illustre Princesse madame Christiene de Danemarc son espouse, avec la généalogie de tous les Roys et Ducs qui ont régné en Austrasie dicte Lorraine depuis Adam jusques au dict Prince Charles nouvellement nay, ensemble ung chant Royal troys canticques et une peroration le tout compose desdie a l'honeur et louenge du tres illustre Duc de Bar, par M. Edmond du Boullay, dict Clermont poursuivant de tres-hault trespuissant et tresredoubtc Prince Anthoine, par la grace de Dieu Duc de Calabre , de Lorraine, de Bar et de Gueldres, etc. Cum privilegio, MDXLIII. (A la fin :) Cy finissent les dialogues.... achevés de composer le quinzième jour de mars. L'an mil cinq cent quarante-trois.... *Et imprimé en la Cite Imperialle de Strasbourg, par Georges Messerschmidt , le mardy huictième de May dudict an mil cinq cent quarante trois ;* pet. in-fol. de 30 ff. non chiffrés, lettres rondes, fig. sur bois, veau fauve , dos orné , fil. , tr. dor. (*Koehler*).   500 fr.

> Titre, verso du titre représentant les armes de Lorraine, et 2 figures sur une même page, gravés sur bois.
> Bel exemplaire grand de marge de ce livre TRÉS RARE.

1313. **BOURDIGNÉ** (Jean de). Hystoire agrégative des annales et cronicques Danjou... et plusieurs faits dignes de mémoire advenuz tant en France, Italie, Espagne, Angleterre, Hierusalem et autres royaulmes tant chrétiens que Sarrazins, reveues et additionnées par le Viateur (Jean Pellegrin). *On les vend à Angiers en la boutique de Charles de Boirgne et Clément Alexandre.* (A la fin :) *Imprimées à Paris par Antoyne Couleau imprimeur* l'an 1529 ; in-fol. goth. de 6 et de 208 ff., fig., veau fauve, fil., milieux. (*Rel. anc.*).   200 fr.

> Chronique très rare et très recherchée.
> Presque la moitié du volume a été rubriqué de différentes couleurs, et les 6 derniers ff. sont plus courts.

1314. **Boyssat** (Pierre de). Histoire des Chevaliers de l'Ordre de l'hospital de S. Jean de Hierusalem, contenant leur admirable institution et police, la suite des guerres de la Terre saincte, la conqueste et les trois grands sièges de Rhodes, le merveilleux siège de Malte. Par P. Boyssat, seigneur de Licieu. *Lyon, les héritiers de Guil. Roville,* 1612 ; 2 tomes en 1 vol. in-4 mar. rouge jans., tr. dor. (*Chambolle-Duru*).   150 fr.

> Bel exemplaire de cet excellent ouvrage historique.

1315. **Boysse** (Ernest). Les Abonnés de l'Opéra (1783-1786). *Paris, Quantin,* 1881 ; in-8, br.   20 fr.

> Frontispice et 4 portraits à l'eau-forte : Mlle Maillard, Jelyotte, Mlle Duthé, Sophie Arnoult.
> Bel exemplaire sur PAPIER DE CHINE (tiré à 50), avec la double suite des figures : AVANT et avec la lettre.

1316. **BREF ET SOMMAIRE RECUEIL** de ce qui a esté faict et de l'ordre tenüe à la joyeuse et triomphante Entrée de.... Charles IX de ce nom, Roy de France, en sa bonne ville et Cité de **Paris**...., le mardy sixiesme jour de Mars, avec le commencement.... de Madame Elizabet d'Austriche, son espouse, le Dimanche vingt cinquiesme. Et Entrée de ladicte Dame en icelle ville le jeudi XXIX dudict mois de Mars M. D. Lxxi. *Paris, de l'Impr. de Denis Du Pré pour Olivier Codoré,* 1572 ; 4 parties en 1 vol. in-4, fig., mar. bleu jans., dent. int., tr. dor. (*Thibaron*).   350 fr.

> Livre rare et curieux, orné de 16 planches gravées sur bois, exécutées par *Olivier Codoré.*
> Bel exemplaire de la première édition.

1317. **Brumoy** (Le P.). Le Théâtre des Grecs. Seconde édition complète revue, corrigée et augmentée de la traduction d'un choix de fragments des poètes grecs, tragiques et comiques, par M. Raoul Rochette. *Paris, Vve Cussac,* 1820-1825 ; 16 vol. in-8, demi-rel. veau fauve, dos ornés, tr. ébarb. (*Ginain*).   150 fr.

> Superbe exemplaire en GRAND PAPIER VÉLIN de cet excellent ouvrage orné de nombreux portraits gravés.

1318. **BUFFON**. Histoire naturelle, générale et particulière, avec la description du cabinet du roy. *Paris, Imp. Royale,* 1749-1788; 28 vol. in-4, fig., mar. rouge, dos orné, fil. , coins orné , tr. dor. (*Rel. anc.*).   600 fr.

> Histoire naturelle, générale et particulière, 15 vol. — Histoire naturelle. Supplément, 7 vol. — Minéraux, 5 vol. et 1 vol. de cartes.
> Deux volumes sont reliés en veau.

1319. **Burgundia**. Linguæ vitia et remedia emblematice expressa, per Antonium a Burgundia. *Antverpiæ, apud vidua Cnobbaert,* 1631 ; pet. in-16 oblong , titre gravé, mar.

Achat de Bibliothèques

rouge , dos orné , fil., tr. dor. (*Capé*). 160 fr.

> ÉDITION ORIGINALE de ce joli petit livre, orné de 92 délicates figures emblématiques gravées sur cuivre.
>
> Remarquons que la figure de la page 16 n'ayant jamais été tirée, n'existe dans aucun exemplaire.

1320. CADIÈRE. Historiche print en Dich Tarferulen Van Jan Baptist Girard, en Juffrou Maria Catharina Cadière. (Histoire en figures du P. Girard et de Marie Cadière). *S. l.* (*Hollande*), 1735 ; in-4, fig., mar. rouge, dos orné, double encad. de fil., coins dor., dent. int. (*Chambolle-Duru*). 350 fr.

> Cet ouvrage est orné de 32 curieuses planches gravées à l'eau-forte. TRÈS RARE.

1321. Calmet (Augustin). Dictionnaire historique, critique chronologique, géographique et littéral de la Bible, enrichi de plus de trois cents figures en taille douce qui représentent les antiquitez judaïques. Nouvelle édition revue, corrigée et augmentée dans laquelle le supplément a été exactement refondu. *Paris, Emery*, 1730; 4 vol. in-fol., veau, dos ornés (*Rel. anc.*).

> Ouvrage très estimé. 60 fr.

1322. CAROSO (Fabricio). Il Ballarino di M. Fabritio Caroso da Sermoneta, nel primo de'quali si dimostra la diversita de i nomi, che si danno à gli atti, et movimenti, che intervengono nè i balli, et con molte regole si dichiara con quali creanze, et in che modo debbano farsi. Nel secondo s'insegnano diverse sorti di Balli et Balleti si all'uso d'Italia, come à quello di Francia, et Spagna. Ornato di molte figure. Et con l'intavolatura di liuto, et il soprano della musica nella sonata di ciascum Ballo. Venetia *Fr. Zinetti*, 1581 ; 2 parties en un vol. in-4, demi-veau (*Rel. anc.*). 200 fr.

> Ouvrage RARE ET RECHERCHÉ, orné du portrait de l'auteur et de 20 planches gravés à l'eau-forte par *Giacomo Franco ;* manquent les feuillets 49-50-51-52, de la seconde partie.

1323. Catulle. Catullus, Tibullus et Propertius, pristino nitori restituti, et ad optima exemplaria emendati. *Lugduni Batavorum* (*Parisiis, Coustelier*), 1743 ; in-12, fig.,

mar. rouge, dos orn., fil., tr. dor. (*Rel. anc.*). 60 fr.

> Exemplaire en PAPIER DE HOLLANDE. 3 fig., 3 vignettes et 4 culs-de-lampe, non signés.

1324. Célestine (la) fidèllement repurgée et mise en meilleure forme par Jacques de Lavardin, tragicomédie jadis espagnole composée en repréhensions de fols amoureux... aussi pour descouvrir les tromperies des macquerelles et l'infidelité des meschans et traistres serviteurs. *A Paris, pour Gilles Robinot*, 1578 ; in-16 de 12 ff. lim. et 283 pages, mar. vert, dos orné, fil., tr. dor. (*Belz-Niedrée.*). 60 fr.

> Exemplaire quelque peu court de marges. Cachet sur un feuillet.

1325. Cervantes. De Voornaamste gevallen van den wonderlyken Don Quichot, door den beroemden Picart den Romain. *In's Hage, by Pieter de Hondt*, 1746 ; in-fol., demi-veau avec coins, *n. rogné*. 60 fr.

> 31 figures par *Boucher, Cochin, Coypel, Lebas, Picart* et *Tremolières*, gravées par *Folke, Picart, V. Scheley* et *Tanjé*. Texte hollandais. Quelques piqûres.

1326. Cervantes (Michel de). Don Quichotte de La Manche traduit de l'espagnol par Florian. Ouvrage posthume. *A Paris, de l'imprimerie de Didot l'aîné, chez Deterville*. An VII ; 6 vol. in-12, mar. bleu, fil., dos ornés, tr. dor. (*Rel. anc.*). 80 fr.

> Bel exemplaire.

1327. Chartier. Le Curial de M. Alain Chartier, secrétaire du Roy Charles septième, où il est amplement traité de la vie et des mœurs des courtisans, des malheurs et calamitez des hommes qui conviennent très bien à cest aage. Reveu et corrigé de nouveau avec les cottations tant des histoires sainctes que prophanes, par Daniel Chartier, Orléanois, sieur de la Boulardière. *Paris, Pierre Chevillot*, 1582 ; pet. in-8 de 8 ff. lim. et 104 ff., mar. rouge jans., tr. dor. (*Trautz-Bauzonnet*). 100 fr.

> Traduction d'une épître latin d'Alain Chartier adressée à son frère en 1430. Daniel Chartier, à qui l'on doit cette édition, y a joint une notice historique sur la vie de son aïeul.
>
> Exemplaire du comte d'AUFFAY et de FIRMIN-DIDOT.

Et de Livres anciens et modernes

1328. Chasse (La) au loup de Mgr le Dauphin, ou la rencontre du comte du Rourre dans les plaines d'Anet. *Cologne, Pierre Marteau,* 1695 ; pet. in-12, front., mar. rouge, dos orné, fil., tr. dor. (*Chatelain*).   30 fr.

Chiffre A. G. au centre des plats.

1329. Chertablon. La Manière de se bien préparer à la mort, par des Considérations sur la Cène, la Passion et la Mort de Jésus-Christ. Avec de très belles estampes emblématiques. *Anvers, Georges Gallet,* 1700 ; in-4, mar. vert, fil. à froid, tête dor., *non rogné* (*Capé*).   100 fr.

42 figures par *Romain de Hooge*.

1330. Chevillard (Jacques). Chronologie des Rois de France depuis Faramond jusqu'à présent (Louis XIV). *Paris, Chevillard, s. d.* ; une feuille in-plano, montée sur toile.   40 fr.

Blasons gravés en taille-douce. de tous les rois et reines de France depuis l'origine de la Monarchie jusqu à Louis XIV. Rare.

1331. Chevillard. Empereurs et Impératrices d'Occident. *Paris, Chevillard,* (vers 1720) ; pet. infol., cart.   25 fr.

Recueil des armoires gravées en tailledouce, montées sur feuillets, de tous les empereurs et impératrices d'Allemagne depuis Charlemagne (800) jusqu'à Charles VI (1711).

1332. Chevræana. *Paris, Florentin et Pierre Delaulne,* 1697 ; in-12, veau fauve, dos orné, fil., (*Rel. anc.*).   12 fr.

Cette ÉDITION ORIGINALE a été publiée par Urbain Chevreau lui-même. Elle renferme nombre de pensées délicates que l'on ne trouve pas toujours dans ces sortes de recueils.
Bel exemplaire.

1333. CICÉRON. Vonn Gebüre und Billicheit. Des fürtreflichen hochberumpten Romers M. T. Ciceronis, drei Bücher an seinen Sün Marcum. *Gedrukt zu Frankfurt am Meyn, bei Chr. Egenolff,* 1550; in-fol., de 4 ff. lim. et 91 ff. chiff., fig. sur bois, mar. rouge, fil.. dos orné, tr. dor. (*Belz-Niedrée*). 350 fr.

Édition ornée de 103 figures sur bois, gravées par *Scheufelein* et *Burgksmaier*. Très bel exemplaire.

1334. COLET (Claude). L'Histoire Paladienne, traitant des gestes et généreux faitz d'armes et d'amours de plusieurs grands princes et seigneurs, spécialement de Palladien, filz du roy Milanor d'Angleterre, et de la belle Sclerine sœur du Roi de Portugal ; nouvellement mise en nostre vulgaire françoys, par feu Cl. Colet Champenois. *A Paris, pour Jean Dallier, demourant sur le pont saint Michel à lenseigne de la Rose blanche.* (A la fin :) *Fin de l'histoire palladienne, nouvellement imprimée à Paris par Estienne Groleau* (sic), *libraire et imprimeur demeurant en la rue Neuve Notre Dame à l'enseigne saint Jean Baptiste,* 1555 ; in fol., fig. sur bois, mar. rouge jans., tr. dor. (*Chambolle-Duru*).   250 fr.

PREMIÈRE ÉDITION de ce rare roman de chevaleries jolies figures sur bois, la plupart dans le style de *Jean Cousin*. Les feuillets liminaires renferment un avis au lecteur d'Etienne Jodelle, l'ami et l'éditeur de Colet, et des vers français et latins à la mémoire de celui-ci, mort depuis deux ans.

1335. Colletet. L'Art poétique du Sr Colletet, où il est traité de l'Epigramme, du Sonnet, du Poème bucolique, de l'Eglogue, de la Pastorale et de l'Idyle, de la Poësie morale et sententieuse. Avec un discours de l'éloquence et de l'imitation des anciens. Un autre discours contre la traduction et la nouvelle morale du mesme autheur. *Paris, Ant. de Sommaville,* 1658 ; 6 parties en un vol. pet. in-12, mar. rouge, fil., dos orné, tr. dor. (*Rel. anc.*).   100 fr.

De la bibliothèque de VIOLLET-LE-DUC.

1336. COMMINES. Cronique et Hystoire faicte et composee par feu messire Philippe de Commines chevalier, seigneur Dargenton, contenant les choses advenues durant le regne du roy Loys unziesme, tant en France, Bourgongne, Flandres, Arthoys, Angleterre que Espaigne, et lieux circonvoisins. Nouvellement reveue et corrigee, avec la table des chapitres contenuz en ladicte Cronique. *Il s'e vend a Lyon sur le Rosne en la maison Claude Nourry : dit le Prince : aupres de nostre dame de Confort.*

(A la fin :) ...*Et fut achevee dimprimer le xij. jour du moys Davril lan mil cinq cens xxvj* (1526), *par Claude Nourry dit le Prince demourant à Lyon sur le Rosne pres nostre dame de Confort ;* in-4 goth. de 4 ff. lim. et 108 chiffrés à longues lignes, titre rouge .et noir, gravure sur bois au verso du titre, mar. rouge jans., tr. dor. (*Trautz-Bauzonnet*).   . 325 fr.

> Cinquième édition, très rare, de la *Chronique* de Commines. La première est celle de *Paris, Galliot Du Pré,* 26 avril 1524. Voy. F. Vander Haeghen, *Bibliotheca Belgica.*
> Très bel exemplaire, rempli de témoins.

1337. Commines. Les Mémoires de Messire Philippe de Commines, sr d'Argenton. Dernière édition. *Leide, les Elzeviers,* 1648 ; pet. in-12, titre gravé, mar. bleu, fil. à froid, tr. dor. (*Lortic*).   110 fr.

> Jolie édition, admirablement exécutée et fort recherchée (Willems, *les Elzeviers,* n° 634).
> Bel exemplaire. Haut. 130ᵐᵐ.

1338. COMPTES (Les) **du Monde** avantureux, contenant liiij discours par A. D. S. D. De nouveau augmentées de cinq discours modernes facécieux, advenus en divers pays pendant les guerres civiles en France. *Paris, Claude Michard,* 1582 ; in-16 réglé, mar. citron, tr. dor. (*Trautz-Bauzonnet*). . 350 fr.

> Jolie édition de ce recueil de nouvelles dont une vingtaine sont tirées de Masuccio.

1339. Conjuration (La) du comte Jean-Louis de Fiesque (par le cardinal de Retz). *Cologne (Amsterdam, D. Elzevier),* 1665 ; pet. in-12, mar. brun, dos orné, fil., tr. dor.   45 fr.

> Haut. 132ᵐᵐ.

1340. CONTES DES FÉES (Les) Dediez à son Altesse Serenissime Madame la Princesse Doüairière de Conty, par Mad. la Comtesse de M. (Henriette-Julie de Castelnau, Comtesse de Murat). *A Paris, au palais, chez Claude Barbin,* 1698 ; in-12 de 4 ff. lim. non chiff. et 408 pp. — Les Contes des Fées par Madame de M. (par la même). *A Paris, au palais, chez Claude Barbin,* 1698 ; in-12, de 4 ff. lim. non chiff. et 232 pp. — Ens. 2 vol.

in-12, veau brun, dos orn. (*Rel. anc. fatiguée*).   300 fr.

> Edition originale des Contes des Fées de Mᵐᵉ de Murat.
> Le premier volume contient les contes suivants : *Le parfait Amour, Anguilette, Jeune et Belle.*
> Légères mouillures. Griffonnage sur le titre.
> Le second volume contient : *Le Palais de la Vengeance, le Prince des Feuilles, L'Heureuse Peine.*
> Légères mouillures. Ce volume est incomplet du premier feuillet qui est blanc.

1341. CORNEILLE (Pierre). Le Théâtre de P. Corneille. Reveu et corrigé par l'autheur. *Imprimé à Rouen et se vend à Paris, chez Th. Jolly,* 1664 ; 2 vol. in-fol., portr. et front. grav., mar. rouge jans., dent. int., tr. dor. (*Cuzin*). 300 fr.

> Édition dont le texte a été revu par Corneille pour la 3ᵉ fois.

1342. Courrier (Le) traduit fidellement en vers burlesques. *Paris, Claude Boudeville,* 1649 ; 12 parties en 1 vol. in-4, mar. bleu jans., dent. int., tr. dor. (*Hardy*). 60 fr.

> Collection de douze courriers burlesques.

1343. COUSTEAU (Pierre). Le Pegme de Pierre Cousteau, mis en françoys par Lanteaume de Romieu, gentilhomme d'Arles. *Lyon, Macé Bonhomme,* 1555 ; in-8, mar. rouge jans., tr. dor. (*Trautz-Bauzonnet*).   . 375 fr.

> Première édition de cette traduction française, ornée de jolies figures emblématiques gravées sur bois, entourées de bordures.
> Très bel exemplaire.

1344. Crébillon. Œuvres. *Paris, Didot, an X* (1802) ; 3 vol. in-12, mar. rouge à long grain, dos orn., dent., tr. dor. (*Rel. anc.*). 50 fr.

> Bel exemplaire de cette édition, dite « *Edition Stéréotype* ».

1345. CRÉTIN. Chants royaulx, oraisons et aultres petitz traictez faictz et composez par feu de bonne memoire maistre Guillaume Cretin, en son vivant chantre de la Saincte Chapelle royale à Paris, et tresorier du bois de Vincennes. (A la fin :) *Imprimé à Paris, par maistre Simon Du Bois pour Galliot du Pré, libraire de l'Université du dict lieu l'an 1527, le 25ᵉ jour dapvril;* in-8 goth., mar. rouge, dos orné, fil., doublé de mar. bleu avec guirlande de feuillage, tr. dor. (*Thibaron-Joly*).   450 fr.

Édition la plus recherchée, où se trouve, parmi les pièces liminaires, l'épître dédicatoire de Charbonnier à la reine de Navarre.

Bel exemplaire en superbe condition.

1346. D'AUVIGNY. La Vie des hommes illustres de la France, depuis le commencement de la monarchie jusqu'à présent [avec la continuation par l'abbé Pérau]. *Amsterdam, et Paris, Le Gras,* 1739-1753 ; 20 vol. in-12, mar. citron, dos orn., fil., tr. dor. (*Rel. anc.*).   800 fr.

Aux armes de Mme SOPHIE, fille de Louis XV.

1347. Des Périers (Bonaventure). Les Contes ou les nouvelles recreations et joyeux devis de Bonaventure des Periers. Nouvelle édition augmentée et corrigée, avec des notices historiques et critiques par M. de la Monnoye. *Amsterdam (Paris), Z. Chatelain,* 1735 ; 3 vol. pet. in-12, mar. vert, dos orné, fil., tr. dor. (*Capé*).   150 fr.

La plupart des exemplaires de cette édition eurent à subir des retranchements et des modifications dans les notes rédigées par Bernard de la Monnoye. Celui-ci est un de ceux qui échappèrent aux ciseaux du censeur. (Voy. Brunet, II, 643).
TRÈS RARE.

1348. DESPORTES. Les Premières Œuvres de Philippe Desportes. Au Roy de France et de Pologne. Revues, corrigées et augmentées outre les précédentes impressions. *A Paris, chez Mamert Patisson,* 1583 ; in-12, vélin blanc, dos et plats couverts d'orn., semis de fleurs, milieu et coins orn., tr. dor. (*Rel. anc.*).   450 fr.

Bel exemplaire dans une jolie reliure du XVIe siècle. — De la Bibliothèque de M. H. Destailleur.

1349. Desportes. Les Premières Œuvres de Philippes Desportes. Deuxième édition reveue et augmentée. *A Paris, par Mamert Patisson,* 1600 ; pet. in-8, vélin. 100 fr.

Très belle édition imprimée en caractères italiques. Légères mouillures.

1350. Desportes (Philippe). Les Œuvres de Philippes Des Portes, abbé de Thiron. Reveues et corrigées. *A Rouen, de l'impr. de Raphael du Petit Val,* 1611 ; in-12,

titre gr., mar. rouge, dos orné, fil., tr. dor. (*Chambolle-Duru*). 60 fr.

Édition plus complète que celles qui l'ont précédée, publiée par Thibault Desportes, sieur de Bevilliers ; elle comprend 675 pp. chiffr. (y compris le titre gravé sur cuivre par *Léonard Gaultier*), 27 pp. n. chiffr. et 8 ff. supplém. pour le *Tombeau de Messire Philippes Desportes,* par J. de. Montereul, 3 pièces de vers latines et françaises, et le privilège.

1351. Diderot. Œuvres complètes, avec notices, notes, table analytique et étude par J. Assézat et M. Tourneux. *Paris, Garnier,* 1875-1877 ; 20 vol. in-8, demi-rel. mar. rouge, tr. jasp.   120 fr.

Un des 100 exemplaires numérotés sur papier de Hollande.

1352. Du Bartas. Les Œuvres poétiques et chrestiennes de G. de Saluste, seigneur du Bartas. En cette nouvelle édition est contenu tout ce qui a esté mis en lumière dudit autheur tant avant qu'après son décès. *Lyon, Ancelin,* 1607 ; in-24, 396 ff. mar. brun jans, tr. dor. (*Trautz-Bauzonnet*).   50 fr.

Jolie édition en très petits caractères.

1353. DU BELLAY (Martin). LES MÉMOIRES de Mess. Martin Du Bellay, Seigneur de Langey. Contenans le discours de plusieurs choses advenües au royaume de France, depuis l'an M.D.XIII, jusque au trespas du roy François premier, ausquels l'autheur a inséré trois livres et quelques fragments des Ogdoades de Mess. Guillaume Du Bellay, seigneur de Langey, son frère. *Paris, P. l'Huillier,* 1569 ; in-fol., mar. rouge souple à recouvr., tr. dor. (*Trautz-Bauzonnet*).   450 fr.

ÉDITION ORIGINALE. Rare.
Exemplaire grand de marges, au chiffre du comte ROGER (du Nord), portant sur le titre la signature autographe du comte DE VILLERS (XVIIe siècle).

1354. Du Lorens. Les Satyres du sieur du Lorens, divisées en deux livres *Paris, Jacques Villery,* 1624 ; in-8, de 2 ff. prél., 202 pp. et 1 f., mar. bleu, tr. dor. (*Trautz-Bauzonnet,* 1859).   125 fr.

ÉDITION ORIGINALE, très rare, renfermant 25 satires.

1355. DU LORENS. Les Satyres de M. Du Lorens, président de Chasteau-Neuf. *Paris, Antoine de*

Sommaville, 1646 ; in-4, mar. bleu, tr. dor. (*Trautz-Bauzonnet*, 1850). 250 fr.

Edition rare de ces satires d'une facture originale ; elles ont fourni à Boileau quelques traits pour plusieurs des siennes.
Exemplaire de Ch. NODIER, relié depuis la vente de cet amateur, avec son *ex-libris* conservé. Il renferme les pp. 137-138, 183-184 et 203-204 qui manquent souvent.

1356. Du Molinet (Claude). Le Cabinet de la bibliothèque de Sainte-Geneviève, divisé en 2 parties contenant les antiquités de la religion des Chrétiens, des Egyptiens et des Romains. *Paris, Ant. Dezallier*, 1692 ; in-fol., vélin blanc. (*Rel. anc.*). 40 fr.

Très bel ouvrage enrichi de planches. Les curiosités de ce cabinet se trouvent aujourd'hui à la Bibliothèque Nationale. Bel exemplaire.

1357. Du Moulin (Gabriel). Histoire générale de Normandie, contenant les choses mémorables advenues depuis les premières courses des Normands payens ; avec l'histoire de leurs ducs, leur généalogie et conquestes jusqu'à la réunion de la Normandie à la couronne de France. *Rouen, Jean Osmont*, 1631 ; in-fol., basane brune, dos orné, tr. rouge. 150 fr.

Cet ouvrage important pour l'histoire de Normandie, est devenu rare et recherché. Exemplaire dans une bonne reliure moderne.

1358. Du Verdier. Les Omonimes, satire des mœurs corrompues de ce siècle, par Anthoine du Verdier, homme d'armes de la compagnie de M. le Seneschal de Lyon. *Lyon, Antoine Gryphius*, 1572 ; in-4 de 12 ff. mar. bleu, dos orné, fil., tr. dor. (*Bauzonnet-Trautz*). 150 fr.

EDITION ORIGINALE de ce singulier poème dont chaque vers se termine par un homonyme du dernier mot du vers précédent.

1359. Entrée. L'Entrée pompeuse et magnifique du Roy Louis XIV en sa bonne ville de Paris, par N. I. T. *Paris, impr. A. Cotinet*, 1649 ; in-4 de 8 pp., mar. rouge, tr. dor. (*Petit*). 30 fr.

Plaquette en vers. Rare. Armes royales sur les plats de la reliure.

1360. Entrée. La Marche Royale de Leurs Majestez depuis le Chasteau de Vincennes jusqu'au Throsne, et du Throsne jusqu'au Louvre, le jour de leur magnifique Entrée en leur bonne Ville de Paris. *Paris, Loyson*, 1660 ; in-4 de 8 pp., mar. rouge, tr. dor. (*Petit*). 40 fr.

Exemplaire très grand de marges. Armes royales sur les plats de la reliure.

1361. Epictète. Manuel d'Epictète, traduit par M. N. (J.-A. Naigeon). *Paris, Didot et de Bure*, 1782 ; in-18, mar. rouge, dos orné, fil., dent. int., tr. dor. (*Rel. anc.*). 40 fr.

De la collection des moralistes anciens. Reliure de Derome avec son étiquette.

1362. Erasme. Les Apophthegmes. C'est à dire promptz, subtilz et sentticeulx, ditz de plusieurs roys : Chefz darmées : philosophes et autres grands personnages tant grecz que latins. Translatez de latin en françois, par Lesleu Macault, notaire. *On les vend à Paris au Soleil d'or, en la rue Saint-Jacques*, 1543 ; in-16, mar. vert foncé, fleuron sur le dos et les plats, dent. int., tr. dor. (*Trautz-Bauzonnet*). 100 fr.

1363. Espion (L') dans les Cours des Princes chrétiens, ou lettres et mémoires d'un envoyé secret de la Porte dans les Cours de l'Europe (par J.-P. Marana). *Cologne, Erasme, Kinkius*, 1711 ; 6 vol. in-12, fig. et pl. grav., mar. rouge, dos orn., fil. à fr., dent. int., doublé et gardes de pap. dor. à ramages, tr. dor. (*Rel. anc.*). 200 fr.

Exemplaire parfaitement relié par *Boyet*.

1364. Estienne (Henri). Epigrammata græca, selecta ex Anthologia, interpretata ad verbum et carmine, ab Henrico Stephano : quædam et ab aliis. Ejusdem interpretationes centum et sex unius distichi, aliorum, item quorundam epigrammatum variæ. S. l. (*Genève*), *excudebat Henricus Stephanus*, 1570 ; in-8, mar. vert, fil., tr. dor. (*Derome*). 35 fr.

Bel exemplaire.

1365. Évangiles (les Saints). Trad. de Le Maistre de Saci. *Paris, impr. impériale*, 1862 ; in-fol., front. et vign., mar. La Vallière, orn. à froid, dent., tr. dor. 150 fr.

Bel exemplaire en GRAND PAPIER VÉLIN dans une excellente reliure.

Et de Livres anciens et modernes

1366. Extrait d'Histoire générale fait par Adélaïde L. D. S. l., 1787; 2 vol. pet. in-4, mar. rouge, dos orné, fil. et dent., tr. dor. (*Rel. anc.*). 120 fr.

Très joli manuscrit d'une bonne écriture du XVIII° siècle, orné sur le titre et dans le texte de petits sujets dessinés à la plume. Merveilleuse reliure de *Mouillié*, très fraîche.

Les faits relatés s'étendent jusqu'à l'année 1748.

1367. Faerne Cent fables choisies des anciens auteurs, mises en vers latins par Gabriel Faerne et traduits par Perrault. *Londres, Darres et Du Bosc*, 1743; in-4, mar. vert, dos orn., fil. et coins, dent. int., tr. dor. (*Petit*). 150 fr.

Orné de 1 frontispice gravé par *Du Bosc* et 100 vignettes non signées.

Texte latin en regard.

1368. FASCÉTIEUX DEVITZ (Les) des Cent Nouvelles nouvelles récréatives et fort exemplaires pour resveiller les bons esprits françoys, veuz et remis en leur naturel, par le seigneur de La Motte Roullant, Lyonnois. *On les vend à Paris en la rue du Meurrier, à l'ymage saincte Geneviefve, par Jehan Real*, 1549; in-8 de 128 ff., mar. citron, dos orné, fil., tr. dor. (*Bauzonnet-Trautz*). 250 fr.

EDITION ORIGINALE de la plus grande rareté, de ce recueil de nouvelles copiées par La Motte-Roulant sur les *Cent Nouvelles nouvelles*, en faisant une nouvelle rédaction dans le style de son temps.

Marque de Jehan Philippi, libraire parisien, sur le titre. Cette marque est reproduite dans les *Marques typographiques* de Silvestre, n° 929.

Exemplaire de CH. NODIER, avec son *ex-libris*, mais relié à nouveau.

1369. Fauchet (Claude). Recueil de l'Origine de la langue et poésie françoise, ryme et romans; plus les noms et sommaire des œuvres de CXXVII poètes françois vivans avant l'an M. CCC. (par Claude Fauchet). *Paris, Mamert Patisson*, 1581; in-4, mar. rouge, dos orné, fil. à froid, tr. dor. (*Bauzonnet-Trautz*). 150 fr.

EDITION ORIGINALE, rare.

Exemplaire de Ch. NODIER, relié à nouveau, avec sa signature autographe sur un f. de garde.

1370. Favyn. Le Théâtre d'Honneur et de Chevalerie ou l'histoire des ordres militaires et princes de la chrestienté et leur généalogie...

Avec les figures en taille-douce naïvement représentées par André Favyn. *A Paris*, 1620; 2 vol. in-4, fig., mar. rouge, dos ornés, fil. (*Rel. anc.*). 100 fr.

Exemplaire au chiffre de PEIRESC (1580-1637).

Raccommodage aux titres et mouillures.

1371. FERRAND (David). Inventaire général de la Muse normande, divisée en XXVIII parties. Où sont descrites plusieurs Batailles, Assauts, Prises de Villes, Guerres estrangeres, Victoires de la France, Histoires comiques, Esmòtions populaires, Grabuges, et choses remarquables arrivées à Roüen depuis quarante années. Par David Ferrand. *Et se vendent à Rouen, chez l'autheur*, 1655; pet. in-8, mar. orange, fil., dos orné, tr. dor. (*Trautz-Bauzonnet*). 300 fr.

Exemplaire, avec témoins, d'un recueil très rare de curieuses poésies normandes.

1372. Fialetti. De gli Habitti delle Religione con le armi, e breve descrittion loro. Libro Primo (secundo e terzo). Opera di Odoardo Fialetti. *Venetia, a instanza di Marco Sadeler*, 1626; 3 parties en un vol. in-4, mar. bleu, dos orné, fil., *non rogné*. (*Reymann*). 100 fr.

3 titres-frontispices gravés et 74 ff. numérotés contenant 72 planches de costumes d'ordres religieux du XVII° siècle gravées à l'eau-forte avec le texte explicatif et armoiries gravées sur la page en regard de chaque planche.

Libro primo, planches 1 à 26; libro secundo, planches 27 à 51: libro terzo, planches 52 à 74.

Bel exemplaire.

1373. Figures de la Passion de Notre Seigneur Jésus-Christ, accompagnées de réflexions propres à donner l'intelligeuce de ce mistère. *Se vénd à Paris, chez Chereau, rue St Jacques aux deux Pilliers d'or*, s. d. (*vers 1725*); in-8, fig., mar. olive, dos orné, large dent., gardes de papier doré, tr. dor. (*Rel. anc.*). 120 fr.

Volume entièrement gravé comprenant 3 ff. lim. pour le titre et la dédicace à l'abbesse de Chelles et 35 ff. avec autant de vignettes en-têtes gravées par *Pacot* et l'explication au-dessous. Ces figures sont inspirées de celles de S. *Le Clerc*.

1374. Fléchier. Recueil des Oraisons funèbres prononcées par Messire Esprit Fléchier. *A Paris, chez Grégoire du Puis*, 1716; in-12, mar.

rouge, dos orné, fil., tr. dor. (*Simier*).   45 fr.

1375. FLORIOT. Morale chrétienne rapportée aux instructions que Jésus-Christ nous a données dans l'Oraison dominicale (par P. Floriot, prêtre du diocèse de Langres). *Paris, G. Desprez*, 1680 ; in-4, réglé, mar. rouge, fil., doublé de mar. rouge, tr. dor. (*Rel. anc.*). 250 fr.

> Très bel exemplaire dont la doublure à l'intérieur est semée du chiffre de MARIE D'ASPREMONT, femme de Charles IV, duc de Lorraine.

1376. Focard (Jacques). Paraphrase de l'Astrolabe, contenant les principes de géométrie. Revue et corrigée par Jacques Bassentin Escossois, avec une amplification de l'usage de l'astrolabe par lui-mesme ajoutée. *Lyon, Jan de Tournes*, 1555 ; in-8, mar. vert jans., tr. dor. (*Duru*).   80 fr.

> L'auteur s'est nommé en tête de l'épître dédicatoire. Figures sur bois dans le texte.

1377. Forest (la) et description des grans et sages philosophes du teps passé, contenant doctrines et sentences merveilleuses et a toutes gens de bon esprit de quelle qualite quilz soient, tant en moralle que naturelle philosophie, tresutiles et delectables imprimée nouvellement : 1532. (A la fin). *Cy fine la Forest des philosophes nouvellement imprimee a Paris par Pierre Leber, et fut achevee dimprimer le xii de febvrier lan* 1532 ; pet. in-8, mar. rouge jans., doublé de mar. Lavallière, comp. de fil., tr. dor. (*Chambolle-Duru*). 275 fr.

> Cet ouvrage se confond avec les *Ditz des Philosophes*, traduits en français par Guillaume de Tignonville, chambellan du roi Charles VI et prévôt de Paris, mort en 1414.

1378. Formi (Pierre). Traité de l'Adianton ou cheveu de Vénus, contenant la description, les utilitez et les diverses préparations galéniques et spagyriques de cette plante pour l'usage familier de toute sorte de personnes, et la guérison de quelle indisposition que ce soit, par Pierre Formi, docteur en l'Université de médecine de Montpellier. *Montpellier, Pierre du Buisson*, 1644 ; in-8 réglé de XVI et 80 pp., mar.

vert jans., tr. dor. (*Trautz-Bauzonnet*).   80 fr.

> Bel exemplaire réglé d'un ouvrage rare et recherché.

1379. Fournaris. Angélique, comédie de Fabrice de Fournaris, Napolitain, dit le Capitaine Cocodrille, comique confident, mis en françois, de langue italienne et espagnole, par le sieur L. C. *Paris, Abel l'Angelier*, 1599 ; in-8, mar. citron, fil. à froid, tr. dor. (*Rel. anc.*).   45 fr.

> Bel exemplaire provenant de la bibliothèque SOLEINNE. Pièce rare.

1380. Fregoso. Le Ris de Democrite, et le Pleur de Heraclite, philosophes, sur les folies et miseres de ce monde. Invention de M. Antonio Phileremo Fregoso, chevalier italien, interprétée en ryme françoise, par Michel d'Amboise, escuyer. *Paris, Arnoult l'Angelier*, 1547 ; in-8, mar. Lavallière jans., tr. dor. (*Trautz-Bauzonnet*).   150 fr.

> Très bel exemplaire d'un joli livre imprimé en caractères italiques.

1381. Fréret. Lettre de Thrasibule à Leucippe. Ouvrage posthume de M. F..... (Fréret). *A Londres*, s. d. (vers 1760) ; in-12, mar. rouge, dos orné, fil., tr. dor. (*Rel. anc. très fraîche*).   40 fr.

1382. FULGOSE. Contramours. L'Anteros ou contramour de messire Baptiste Fulgose jadis Duc de Gennes. Le Dialogue de Baptiste Platine, Gentilhomme de Cremonne, contre les folles amours. Paradoxe contre l'amour. *Paris, chez Martin le jeune*, 1581 ; pet. in-4, mar. rouge, jans., doublé de mar. bleu, dent. et milieu doré à petits fers et mosaïqué, tr. dor. (*Chambolle-Duru*).   250 fr.

> Th. Sibilet, auteur de cette traduction, y a ajouté le *Paradoxe contre l'amour*, ouvrage de sa composition.
> Très bel exemplaire d'un livre fort rare.

1383. Furetière. Poésies diverses. *Paris, chez Guillaume de Luynes*, 1655 ; in-4, mar. bleu, dos orné, fil., tr. dor. (*Cuzin*).   100 fr.

> Bel exemplaire de l'édition originale.

1384. Galathée (Le) ou la manière et fasson comme le gentilhomme se doit gouverner en toute compagnie, traduit d'italien (de Giov.

della Casa) par Jean du Peyrat, Sarladois. *Paris, Jacques Kerver,* 1562 ; in-8 réglé, mar. brun, tr. dor. (*Trautz-Bauzonnet*).   120 fr.

Rare. Bel exemplaire de PIXERÉCOURT, puis d'A. VEINANT, qui l'a fait régler et relier.

1385. **Garnier** (Robert). Hippolyte. Tragédie. *Paris, impr. de Robert Estienne,* 1573 ; in-8, mar. bleu, dos orné, fil., tr. dor. (*Trautz-Bauzonnet*).   50 fr.

ÉDITION ORIGINALE. Exemplaire avec témoins.

1386. **Garnier** (Robert). Porcie, Tragedie françoise, representant la cruelle et sanglante saison des guerres civiles de Rome : propre et convenable pour y voir depeincte la calamité de ce temps. Par R. Garnier, Fertenois. *Paris, Robert Estienne,* 1568 ; in-8, mar. bleu, dos orné , fil., tr. dor. (*Trautz-Bauzonnet*).   50 fr.

ÉDITION ORIGINALE. Bel exemplaire avec témoins.

1387. **Gilbert**. Œuvres, avec des notes et variantes et une nouvelle notice par l'Amour. *Paris, Jules Didot,* 1824 ; 2 vol. in-12, port. grav., veau vert, dos orn., orn. à froid sur les plats, tr. dor. (*Rel. romantique*).   10 fr.

1388. **GUÉROULT** (Guillaume). Le premier livre des Emblèmes, composé par Guillaume Géroult. — Second livre de la Description des Animaux, contenant le blason des Oyseaux, composé par Guillaume Guéroult. *Lyon , Balthazar Arnoullet,* 1550 ; pet. in-8, fig., mar. bleu, dos orné, entrelacs de fil. sur les plats, tr. dor. (*Niedrée*). 500 fr.

Chacune des deux parties comprend 72 pages.
Bel exemplaire à toutes marges d'un ouvrage rare et recherché pour ses jolies figurés sur bois. Elégante reliure.

1389. **Guyse** (Jacques de). Premier [second et tiers] volumes des illustrations de la Gaule Belgique antiquitez du pays de Haynau et de la cité de Belges : à present dicte Bavay dont procèdent les chaussées de Brunehault. Et de plusieurs princes y ont régné et fondé plusieurs villes et citez audit pays et aultres choses singulières et dignes

de mémoires advenues durant leurs règnes jusques au duc Philippes de Bourgongne, dernier décédé. *On les vend à Paris, en la grande salle du Palais, au premier pillier en la boutique de Galliot du Pré, marchant libraire juré de l'université de Paris,* 1531-1532; 3 tomes en 1 vol. in-fol., goth., fig. sur bois, veau fauve, dos orn. (*Rel. anc.*).   150 fr.

Traduction abrégée de l'original latin de Jacques de Guyse, par Jean Lassabée.
Bel exemplaire.

1390. **Harangues** burlesques sur la vie et sur la mort de divers animaux, dédiées à la Samaritaine du Pont-Neuf, par M. Raisonnable. *Paris, Antoine de Sommaville,* 1651 ; pet. in-8, réglé, mar. bleu jans., tr. dor. (*Hardy*).   35 fr.

L'auteur de cet ouvrage a emprunté le titre des *Sermoni funebri* de Lando et des *Harangues facétieuses* imprimées en 1618, dont il a imité quelques discours ; mais son texte est d'ailleurs fort différent de celui de Lando et donne cinq harangues de plus.

1391. **Hénault**. Nouvel abrégé chronologique de l'histoire de France. *Paris, Prault,* 1756 ; 2 vol. in-12, mar. citron, dos orn., fil., orn. aux angles, tr. dor. (*Derome*). 30 fr.

1392. **Herberay** (Nic. de). Histoire du très vaillant et redouté Dom Flores de Grece, surnommé le chevalier des Cignes, second fils d'Esplandian empereur de Constantinople, mise en françois par le seigneur des Essars Nicolas de Herberay. *A Paris, chez Jean Ruelle,* 1573 ; in-8, mar. rouge, dos orné, fil., tr. dor. (*Derome*).   40 fr.

Première partie. L'auteur étant mort avant d'avoir achevé son œuvre, il n'a été publié que ce seul livre.

1393. **[HEURES A L'USAGE DE ROME]**. — ... *ces présentes heures a lusaige de Romme tout au long sans riens requérir. Imprimées à Paris par Gillet Hardouyn libraire demouraut au bout du pont nostre-dame...,* s. d. (*calendrier de 1513 à 1529*); in-8 goth., réglé, de 88 ff., fig., mar. grenat, dos orné , fil. droits et courbés, fers pleins et chiffres, doublure et gardes en soie grenat, tr.

dor., fermoirs d'argent ciselé, étui.
(*Gruel*).   2.000 fr.

> Très beau livre d'Heures imprimé sur VÉLIN. Les figures, grandes et petites, au nombre de 44, ont été très bien miniaturées et rehaussées d'or.
> Toutes les pages sont comprises dans des encadrements en or avec bordures de fleurs et d'ornements dans la marge latérale.
> Riche reliure dans le genre de celles exécutées pour Grolier.

1394. HEURES. HORÆ IN LAUDEM BEATISSIMÆ VIRGINIS MARIÆ ad usum Romanum. *Parisiis, ex-officina Reginaldi Caldieri et Claudii ejus filii*, 1549 ; in-4 de 176 ff. réglés, veau fauve, dos orné, riches compart. d'entrelacts peints de diverses couleurs, tr. dor. et ciselée. (*Rel. anc.*) 3.000 fr.

> Superbe exemplaire de cette édition entièrement conforme, sauf deux encadrements nouveaux, à celle de 1543. Son ornementation consiste en QUATORZE grandes figures inspirées de *Geofroy Tory*, d'une composition des plus parfaites et dignes de ce grand maitre de la gravure sur bois, et de très beaux encadrements à toutes les pages gravés en teinte claire ou en teinte noire du goût le plus pur. Remarquons que M. Aug. Bernard (Geofroy Tory, p. 300), n'a connu que 2 exemplaires de cette précieuse édition. Celui-ci est conservé dans une magnifique reliure lyonnaise exécutée au XVI° siècle dans le genre Maioli.

1395. HEURES. HORÆ IN LAUDEM BEATISSIMÆ VIRGINIS MARIÆ ad usum Romanum. Accesserunt denuô aliquot suffragia. *Lugduni, apud Guliel. Rouillium (Mathias Bonhomme excudebat)*, 1553 ; in-8 de 176 ff., impr. en rouge et noir, texte encadré, mar. grenat, fil., fleurons et bandes d'ornements à froid, gardes en soie violette, tr. dor.   400 fr.

> Ces *Heures* sont ornées de belles figures sur bois et d'encadrements à chaque page, avec ornementation architectonique. Ces encadrements sont signés des initiales P. V. (*Pierre Vingle?*).
> On a placé comme doublures intérieures les plats de l'ancienne reliure en veau, qui étaient élégamment ornés de dorures avec filets entrelacés.

1396. [HEURES A L'USAGE DE ROME]. — *Ces présentes heures a lusaigne de Romme furent achevées le xxv jour de Fevrier. Lan 1497 [1498 n. s.] pour Simon Vostre libraire : demourant a Paris a la rue Neuve nostre dame, a lymaige sainct Jehan levangeliste ;* pet. in-8 goth., réglé, de 90 ff., fig., mar. rouge, dos orné, encadrement sur les plats avec fleurons, en mosaïque de mar. vert, chiffre, gardes en moire, tr. rouge.   850 fr.

> Ce volume est orné, outre la marque de *Pigouchet*, de 13 grandes figures, appartenant au second groupe d'illustrations faites pour *Pigouchet* et de bordures avec histoires religieuses et *Danse des Morts*.
> Exemplaire imprimé sur VÉLIN non colorié , sauf la marque de *Pigouchet* et l'homme anatomique.
> Le volume est incomplet de 9 feuillets.

1397. [HEURES A L'USAGE DE ROME]. — *Ces présentes heures à lusaige de Romme furent achevées le xv jour de Octobre lan 1499, pour Simon Vostre Libraire demourant à la rue neuve a lenseigne sainct Jehan levangeliste ;* in-8 goth., réglé, de 92 ff. non chiff., texte encadré, fig., peau de truie, ornements à froid, tr. dor., fermoirs. (*Gruel*).   2.000 fr.

> L'illustration comprend, outre la marque de *Pigouchet* et l'homme anatomique, 15 grandes figures appartenant à la seconde série d'illustrations faites pour *Pigouchet*, figures comprises dans des encadrements de style ogival.
> Bordures à chaque page avec histoires religieuses, sujets pieux, *Danse des Morts* en 63 sujets, grotesques, etc.
> Bel exemplaire imprimé sur VÉLIN, non colorié, initiales et bouts de lignes rubriqués.
> Petit trou enlevant une lettre à un feuillet.

1398. [HEURES A L'USAGE DE TOUL]. *Paris, Simon Vostre, calendrier de 1502 à 1520) ;* in-8 goth., de 136 ff., fig., mar. rouge, tr. dor.   2.000 fr.

> Le volume est orné de 18 grandes figures non compris la marque de *Vostre* et l'homme anatomique et appartenant aux deuxième et troisième séries de figures de format in-8, ornant les *Heures* publiées par *Pigouchet* et *Vostre*.
> Bordures avec histoires religieuses, occupations du peuple, arabesques, *Danse des Morts*, etc.
> Bel exemplaire imprimé sur VÉLIN, grand de marges et non colorié.

1399. Heures nouvelles dédiées aux dames de S. Cyr. En latin et en français. *Paris, Cuissant*, 1720; in-8, mar. rouge, dos orn., larg. dent., tr. dor. (*Rel. anc.*).   60 fr.

1400. Hippocrate. Opusculū repertorii pronosticon in mutationes aeris tam via astrologica q̄z metheorologica uti sapiētes experientia comperientes voluerunt p̄z utilissime ordinatũ incipit fidere felici ꝯ primo prohemiũ. (*A la fin :*) Hypprocratis libellus de medicorũ astrologia finit : a Petro de albano in latinũ traduct. *Impressus est arte ac diligentia mir a Erhardi Ratdolt de Augusta Imperante inclyto Johanne Monecico duce Venetorũ. Anno salutifere incarnationis, 1485, Venetiis ;* in-4 de 49 ff. chiff. mar. grenat jans., dent. int., *non rogné (Chambolle-Duru).*   70 fr.

Bel exemplaire commençant au feuillet A 2.

1401. HISTOIRE amoureuse de Flores et Blanchefleur s'amye, avec la complainte que fait un amant contre amour et sa dame. Le tout mis d'espagnol en françois, par maître Jaques Vincent, aumonier de M. le comte d'Anguien. *A Anvers, chez Jean Waesberghe,* 1561 ; pet. in-4 de 24 et 19 ff., mar. vert, fil., tr. dor. (*Kœlher*).   250 fr.

Édition rare et recherchée, avec le nom du traducteur : Jacques Vincent du Crest, d'origine dauphinoise, inséré dans le titre. Exemplaire provenant des bibliothèques BÉHAGUE et GÉNARD.

1402. Histoire amoureuse et badine du congrès de la ville d'Utrech (par Casimir Freschot). *Liège, Jacob Le Doux,* s. d. (1714) ; in-12, front. gravé, mar. citron, dos orné. fil., tête dor., *non rogné. (Traut-Bauzonnet).*   120 fr.

Très bel exemplaire entièrement non rogné, d'un petit ouvrage très rare. La Clef, en 6 ff., se trouve à la fin du volume.

1403. Histoire du maréchal de Boucicaut (par de Pilham). *Suivant la copie de Paris, La Haye, Louis et Henri van Dole,* 1699 ; pet. in-8, portr., mar. rouge, dos orné, fil., tr. dor. (*Capé*).   100 fr.

Très bel exemplaire de cet intéressant ouvrage.

1404. HISTOIRE des Révolutions de Gênes, depuis son établissement jusqu'à la conclusion de la paix de 1748, seconde édition (par Oudart Feudrix de Bréquigny). *Paris, Nyon et Babuty,* 1753 ; 3 vol. in-12, mar. citron dos orn., fil., tr. dor. (*Rel. anc.*).   300 fr.

Aux armes de MADAME SOPHIE, fille de Louis XV.

1405. HOLBEIN. ICONES HISTORIARUM Veteris Testamenti ad vivum expressæ extremaque diligentia emendatiores factæ, Gallicis in expositione homoeotelentis, ac versuum ordinidus (qui prius turbati, ac impares) suo numero restitutis. *Lugduni, apud Ioannem Frellonium,* 1547 ; pet. in-4, fig., vélin blanc. (*Rel. anc.*).   400 fr.

Édition ornée de 98 planches gravées sur bois d'après les dessins de *Hans Holbein,* qui selon M. Edwin-Tross, seraient du second tirage sous cette date infiniment plus rare que celles du premier. Exemplaire de la plus grande fraîcheur, dans sa reliure primitive.

1406. Homère. Les XXIIII livres de l'Iliade d'Homère. Traduicts du grec en français, les XI premiers par Hugues Salel et les XIII derniers par Adamis Jamyn. Avec les trois premiers livres de l'Odissée. *Paris, Abel l'Angelier,* 1599 ; in-12, allongé, mar. bleu, dos orné, fil., tr. dor. (*Capé*).   120 fr.

Bel exemplaire d'une traduction réputée et peu commune.

1407. Horace. Quinti Horatii Flacci carmina, cum annota. Gallicis Lud. Poinsinet de Sivry. *Parisiis, Ambr. Didot,* 1777 ; 2 vol. in-8, mar. rouge, dos orné, fil., tr. dor. (*Rel. anc.*).   50 fr.

Bel exemplaire.

1408. Horace. Quintus Horatius Flaccus. *Parisiis, exc. Petr. Didot, natu major,* 1799 ; in-fol., demi-rel. dos et coins de mar. rouge, dos orné, *non rogné.*   100 fr.

Très belle édition ornée de 12 charmantes vignettes dessinées par *Percier.* Elle a été tirée à 250 exemplaires. L'un des 100 exemplaires avec les épreuves AVANT LA LETTRE.

1409. Imitation (L') de Jésus-Christ, traduction nouvelle, de M. l'abbé Dassance. *Paris, L. Curmer,* 1836 ; gr. in-8, demi-rel. chagr. brun, plats toile, *non rogné.*   25 fr.

Illustrations par *Tony Johannot* et *Cavelier,* tirées AVANT LA LETTRE.

1410. INSTRUCTIONS CHRESTIENNES sur les Mystères de N. Seigneur Jésus-Christ, et sur les principales Festes de l'année (par Antoine de Singlin). *A Paris, chez André Pralard,* 1781 ; 5 vol in-8,

mar. rouge, dent. int., tr. dor.
(*Rel. anc.*). 600 fr.

> Aux armes de PAULE-FRANÇOISE-MAR-GUERITE GONDI DE RETZ, DUCHESSE DE LESDIGUIÈRES, frappées 4 fois sur le dos, et 5 fois sur les plats, au milieu et aux angles. — *Reliure de Boyet.*

1411. Jacquemart (Albert) et Edm. **Le Blant**. Histoire artistique, industrielle et commerciale de la Porcelaine, accompagnée de recherches sur les sujets et emblèmes qui la décorent, les marques et inscriptions qui font reconnaître les fabriques d'où elle sort. *Paris, J. Techener*, 1862 ; in-fol., mar. vert, dos orn., fil., dent. int., tr. dor. (*Capé-Masson-Debonnelle*). 120 fr.

> 20 planches gravées à l'eau-forte par *Jules Jacquemart*.
> Très bel exemplaire.

1412. Jacquin. Conférences de l'Ordonnance de Louis XIV, roy de France et de Navarre, sur le fait des entrées, Aydes et autres droits, pour le ressort de la cour des Aydes de Paris, par M. Jacques Jacquin. *A Paris, chez Nic. Pepie*, 1703 ; in-4, mar. rouge, dos orné, fil., tr. dor. (*Rel. anc.*). 100 fr.

> Exemplaire aux armes de VOYER DE PAULMY, marquis d'ARGENSON.

1413. JAMYN (Amadis). Les Œuvres poétiques d'Amadis Jamyn. Au roy de France et de Pologne. *Paris, Rob. Le Mangnier*, 1575 ; pet. in-4, réglé, mar. rouge, dos et milieux ornés de feuillages, tr. dor. (*Cuzin*). 250 fr.

> PREMIÈRE ÉDITION, rare, d'une exécution typographique remarquable.
> Très bel exemplaire.

1414. JARDIN DE PLAISACE ET FLEUR DE RETHORIQUE (S'ensuyt le) contenant plusieurs beaux livres, comme le dõnet de noblesse baille au roy Charles VIII. Le chef de joyeuseté avec plusieurs autres en grand nõbre, comme vous pourres veoir, par la table de ce présent livre. Imprimé nouvellement à Paris. *On les vend a Paris en la rue neufve nostre dame a lenseigne de lescu de France.* (A la fin :) *Cy finit la table de ce present livre intitulé le Jardin de plaisãce, et fleur de Rethoricque. Imprimé nouvellement*

a Paris par la veufve de feu Jehan Trepperel et Jehan Jehannot, s. d. (vers 1520) ; in-4 goth., fig. sur bois, mar. rouge, dent. int., tr. dor (*Chambolle-Duru*). 500 fr.

> Recueil fort curieux d'exemples choisis de différents poètes du XVᵉ siècle tels que Alain Chartier, Charles d'Orléans, Villon, Coquillard ou composé par l'auteur qui est resté anonyme.
> Très rare édition.

1415. Jeannin. Les négotiations de Monsieur le président Jeannin. *Jouxte la copie de Paris, chez Pierre le Petit*, 1659 ; 2 vol. pet. in-12, portr., mar. rouge jans., tr. dor. (*Trautz-Bauzonnet*). 100 fr.

> Bel exemplaire de cette édition pouvant se joindre aux livres imprimés par les Elzévier.

1416. JOINVILLE. L'Histoire et Cronique du tres-chrestien roy S. Loys, IX du nom, et XLIIII. Roy de France. Escritte par feu messire Jan, Sire, Seigneur de Jonville et Sénéchai de Champagne, familier et contemporain du dudit roy S. Loys. Et maintenant mise en lumière par Antoine Pierre de Rieus. *Poitiers, Enguilbert de Marnef, s. d.* (1547) ; in-4, mar. rouge, dos fleurdelisé, tr. dor. (*Trautz-Bauzonnet*). 300 fr.

> ÉDITION ORIGINALE, rare.
> Bel exemplaire auquel on a ajouté un portrait de saint Louis, gravé au XVIᵉ siècle.

1417. Joubert. Le Dessinateur pour les Fabriques d'Etoffes d'or, d'argent et de soie, avec la traduction de six Tables raisonnées, tirées de l'Abecedario Pittorico, imprimé à Naples en 1733, par M. Joubert de l'Hiberderie. *Paris, Seb. Jorry*, 1765 ; in-8, fig., mar. rouge, dos orné, fil. et coins dor., doublé et gardes de papier doré, tr. dor. (*Rel. anc.*). 60 fr.

> Livre estimé et rare.

1418. Joujou (le) des demoiselles. *S. l. n. d.* (Paris, 1752) ; in-8, mar. citron, dos orn., triple fil., dent. int., tr. dor. (*Cuzin*). 450 fr.

> Frontispice et titre d'*Eisen*, gravés par *Le Mire*, et 57 figures à mi-page au bas desquelles sont des poésies dont le texte est gravé.
> Bel exemplaire.

Et de Livres anciens et modernes

1419. JUDAS MACCHABÉE. LES EXCELLENTES, MAGNIFIQUES ET TRIUMPHANTES CRONIQUES des treslouables et moult vertueux faictz de la saincte hystoire de bible du tres preux et valeureux prince Judas machabeus ung des ix preux tresvaillant iuif. Et aussy de ses quatre freres Jehan : Symon : Eleazar et Jonathas, tous nobles, hardyes vaillan machabées, filz du bienheureux prince et grand pontife Mathias. Lesquelz en diverses batailles, sièges de villes, forteresses et assaulx de guerre ont subtillement et victorieusement demonstrés plusieurs grans et merveilleux faictz d'armes... *Le present volume contenant les deux livres des Machabées nouvellement translaté de latin en françois et imprimé par Anthoine . Bonnemere marchant libraire demourant à Paris, à lenseigne de sainct Martin rue sainct Jehan de Beaulvais,* 1514 ; in-fol. goth., fig. sur bois, mar. vert, comp. de fil., tr. dor. (*Koehler*) 600 fr.

Très bel exemplaire grand de marges de l'ÉDITION ORIGINALE d'un roman de chevalerie dont le traducteur est Charles de Saint-Gelais.

1420. La Chambre. Traité de la connaissance des animaux, où tout ce qui a esté dict pour et contre le raisonnement des bestes, est examiné par le sieur de La Chambre. *Paris, Pierre Rocolet,* 1647 ; in-4 réglé, mar. rouge, dos orné, fil. à la Du Seuil, tr. dor. (*Rel. anc.*). 70 fr.

Bel exemplaire.

1421. La Fayette (Mme de). Mémoires de la Cour de France, pour les années 1688 et 1689, par Madame la Comtesse de Lafayette. *Amsterdam, Jean-Frédéric Bernard,* 1731 ; pet. in-8, mar. orange, tr. dor. (*Trautz-Bauzonnet*). 90 fr.

ÉDITION ORIGINALE.

1422. La Fayette. Zayde, histoire espagnole, par M. de Segrais (Mme de La Fayette), avec un traité de l'Origine des romans, par M. Huet. *Suivant la copie imprimée à Paris (Amsterdam, Abr. Wolfgang, au Quœrendo),* 1671 ; 2 tom. en 1 vol. pet. in-8, front., mar. rouge jans., dent. int., tr. dor. (*Duru*). 60 fr.

T. Ier. Frontispice gravé par Romain de Hooghe, titre. 32 ff. chiffrés pour la lettre de Huet à Segrais, 154 pp. chiffrées pour le texte, 1 f. blanc au cahier K.

T. II. 1 titre et 164 pp. chiffr.

Cette édition parut en Hollande en même temps que celle de Barbin.

1423. LA FONTAINE. CONTES ET NOUVELLES EN VERS de M. de La Fontaine. *A Paris, chez Claude Barbin, au Palais, sur le second Perron de La Saint Chapelle,* 1667 ; in-12, de 11 pp. pour le titre et la préface, 92 pp. et 1 f. pour extrait du privilège. — Deuxième partie des Contes et Nouvelles en vers de M. de La Fontaine. *A Paris, chez Claude Barbin, au Palais, sur le second Perron de la Sainte-Chapelle,* 1667 ; in-12, de 11 pp. pour le titre et la préface, 160 pp. et 2 ff. pour le privilège ; 2 part. en un vol. in-12, mar. rouge, dos orné, fil., tr. dor. (*Duru*). 500 fr.

Charmant exemplaire de CHARLES NODIER. SECONDE ÉDITION de la première partie et ÉDITION ORIGINALE de la seconde, le tout « avec privilège ». Il paraît que le « retrait » de ces privilèges fut accompagné de la suppression des exemplaires demeurés en magasin, car ils sont devenus fort rares (« Description raisonnée d'une jolie collection de livres »).

1424. LA FONTAINE. FABLES CHOISIES. Mises en vers par M. de La Fontaine et par luy reveuës, corrigées et augmentées de nouveau. *La Haye, chez Henry Van Bulderen,* 1688 ; 4 tomes en 2 vol. pet. in-8, front. et fig., mar. rouge, dos orn., fil., fleurons d'angles, tr. dor. (*Rel. anc.*). 500 fr.

Edition illustrée d'un frontispice par *Romain de Hooghe* et de nombreuses figures de *J. Cause*, à mi-page, en très bonnes épreuves.

Bel exemplaire aux armes de BUSSY-CHANTEMESLE.

1425. La Fontaine. Fables. *Paris, imp. de P. Didot,* 1813 ; 2 vol. in-12, mar. bleu, dos orn., fil., dent. int., tr. dor. (*Masson-Debonnelle*). 60 fr.

De la collection des meilleurs ouvrages de la langue française.

Edition comprenant la vie de La Fontaine par Creuzé de Lesser. Exemplaire sur PAPIER VÉLIN, orné du portrait de La Fontaine par *Saint-Aubin*.

1426. La Fontaine. Pièces de théâtre de Monsieur de La Fontaine. *La Haye, Adrian Moetjens,* 1702 ; in-12, mar. rouge, dos orn., double comp. de fil., dent. int., tr. dor. (*Chambolle-Duru*).   100 fr.

> Peneloppe ou le retour d'Ulisse de la guerre de Troye, pouvant servir de suite aux avantures de Télémaque, tragédie. *La Haye*, 1701. — Le Florentin, comédie. *La Haye*, 1701. — Ragotin, ou le roman comique, comédie. *La Haye*, 1701.— Je vous prens Sans Verd, comédie. *La Haye*, 1701. — Le duc de Montmouth, tragédie par M. de Vaernevyck.

1427. La Fontaine. Poëme du Quinquina et autres ouvrages en vers de M. de La Fontaine. *Paris, Denys Thierry et Claude Barbin,* 1682 ; in-12 de 2 ff. prél. et 242 pp., mar. bleu, tr. dor. (*Trautz-Bauzonnet*, 1851).   60 fr.

> Edition originale de ce recueil renfermant indépendamment de ce poème *La Matrone d'Ephèse, Belphégor* et les deux opéras *Galatée* et *Daphné.*

1428. LANCELOT DU LAC. Le Premier second et tiers volume de Lancelot du Lac. Nouvellement imprimé à Paris, 1533. *On les vend à Paris en la rue Saint Jacques par Jehan Petit, libraire juré* (A la fin :) *Nouvellement imprimé à Paris, pour Phelippe Le Noir, libraire ;* 3 tomes en 1 vol. in-fol. goth., mar. vert, fil., tr. dor., (*Trautz-Bauzonnet*).   700 fr.

> La plus belle des éditions de ce célèbre roman de chevalerie.
> Superbe exemplaire, grand de marges et bien conservé provenant des bibliothèques Cigongne et de R. S. Turner.

1429. La Rue (Caroli). Idyllia. Tertia editio Auctior. *Parisiis, apud Simonem Bernard,* 1672 ; in-12, fig., mar. bleu, dos orné, large dent. sur les plats, tr. dor. (*Rel. anc.*).   40 fr.

> Exemplaire portant l'ex-libris : *Jac. Jos. Coel Segaud, Presbyteri Telonensis.*

1430. Las Cases. Mémorial de Sainte-Hélène, ou journal où se trouve consigné jour par jour ce qu'a dit et fait Napoléon durant 18 mois. *Paris,* 1823-1825 ; 9 vol. in-8, demi-veau vert, dos orné, tr. marb. (*Rel. de l'époque*).   70 fr.

> Portrait de Napoléon, gravé par *Robinson* d'après *Desenne,* et du Cie de Las Cases par *Bordes,* 3 vues de Longwood en couleur, 2 cartes, 1 plan.

1431. LEGANGNEUR (Guill.). La Technographie ou briève méthode pour parvenir à la parfaite connoissance de l'écriture francoyse. —

— La Bizographie ou les sources élemens perfeccions de l'écritture italienne. — La Caligraphie ou belle écriture de la lettre grecque. *S. l. n. d.* (1599) ; 3 ouvrages en 1 vol. in-4 obl., veau brun, compart. de fil. et fleuron aux angles, couronne de feuillage au centre des plats, tr. dor. (*Rel. anc.*).   300 fr.

> Ces trois ouvrages recherchés se trouvent rarement réunis ; le 1er contient un portrait de l'auteur et 45 planches : le second, un titre gravé et 31 planches ; le 3e, un titre gravé et 11 planches.

1432. Legrand d'Aussy. Fabliaux ou contes, fables et romans du XIIe et du XIIIe siècle, traduits ou extraits par Legrand d'Aussy ; troisième édition, considérablement augmentée (avec un avis de l'éditeur, signé Ant.-Aug. Renouard). *Paris, Jules Renouard,* 1829 ; 5 vol. in-8, pap. vél., fig. d'après Moreau et Desenne, demi-rel. dos et coins de mar. rouge, dos ornés, fil., tête dor., *non rognés.*   100 fr.

1433. Le Laboureur (Jean). Histoire du mareschal de Guebriant, contenant le récit de ce qui s'est passé en Allemagne dans les guerres des couronnes de France et de Suède et des estats alliez contre la maison d'Austriche. Avec l'histoire généalogique de la maison du même Mareschal. *Paris, Pierre l'Amy,* 1657 ; in-fol., front.; veau brun. 40fr.

> Beau portrait par *Nanteuil.* Blasons gravés sur bois des alliances de la famille de Budes de Guébriant.
> A la suite on a relié : Oraison funèbre du maréchal de Guébriant, par Nicolas Grillié, év. d'Uzez. *Paris,* 1656.

1434. LE MAIRE DES BELGES. Les illustratiõs de Gaule : τ singularitez de Troye contenãt troys p̃ties. Avec lepistre du roy a Hector de Troye. Le traictie de la differēce des scismes τ des cõcilles. La vraye histoire τ nõ fabuleuse du prĩce Syach ysmail dict Sophy. *Imprimé à Lyon nouvellement par Antoyne Du Ry,* l'an mil. cccce. XXVIII, (1528) ; in-4 goth. à 2 col., fig. sur bois, mar. rouge, fil., dos orné, dent. int., tr. dor. (*Trautz-Bauzonnet*).   400 fr.

> Bel exemplaire de cette édition, contenant les 5 parties réunies.

Et de Livres anciens et modernes

1435. Le Maire des Belges (Jean). Les troys livres des illustrations de Gaule : et singularitez de Troye, nouvellement reveues et corrigées oultre les précédentes impressions. *A Paris, par Galliot du Pré*, 1531 ; pet. in-8, mar. rouge, fil. à froid, tr. dor. (*Duru*).   125 fr.

   Belle édition imprimée en lettres rondes, illustrée de jolies figures sur bois. L'Epître de l'*amant verd* se trouve imprimé à la fin de la première partie.
   Bel exemplaire.

1436. Le Nain (R.-P. Pierre). Essai de l'histoire de l'Ordre de Citeaux. Tirée des annales de l'Ordre et de divers autres Historiens (Tomes II à IX). *A Paris, chez François Muguet*, 1696-1697 ; 9 vol. in-12, mar. rouge, dos ornés, fil., tr. dor. (*Rel. anc.*).   250 fr.

   Bel exemplaire aux armes du Cardinal de NOAILLES, archevêque de Paris.
   Manque le tome I".

1437. Lenet. Mémoires de Monsieur L*** (Pierre Lenet), conseiller d'Etat: contenant l'histoire des guerres civiles des années 1649 et suivantes; principalement celles de Guienne et autres provinces. *S. l.*, 1729 ; 2 vol. in-12, mar. bleu, tr. dor. (*Trautz-Bauzonnet*).   200 fr.

   Exemplaire contenant des notes et additions *manuscrites contemporaines* de la publication; en outre le tome I est suivi de 13 ff. et le tome II de 12 ff. de texte *manuscrit* de l'époque *pour rétablir un certain nombre de passages qui avaient été retranchés à l'impression.*
   Exemplaire du comte Roger (du Nord), avec son chiffre répété sur le dos et aux angles des plats de la reliure.

1438. Leroy (Alphonse). Essai sur l'histoire naturelle de la Grossesse et de l'Accouchement, par M. Alphonse Leroy. *Genève et Paris*, 1787 ; in-8, mar. rouge, dos orné, fil., tr. dor. (*Rel. anc.*).   25 fr.

   A la suite : Réponse par M. Alphonse Leroy, à un mémoire sur une imputation d'impéritie. *Paris*, 1787.

1439. Le Sage. Crispin, rival de son maître. Comédie par M. Le S*** (Le Sage). *Paris, Pierre Ribou*, 1707 ; in-12, mar. vert jans., dent. int., tr. dor. (*Trautz-Bauzonnet*). 150 fr.

   Edition originale. Exemplaire de la vente Guy-Pellion, payé 310 fr.

1440. Lescarbot (Marc). Histoire de la nouvelle France contenant les navigations, découvertes, et habita-tions faites par les François ẽs Indes occidentales et Nouvelle France souz l'avœu et authorité de noz Roys tres chretiens et les diversesfortunes d'iceux en l'execution de ces choses depuis cent ans jusques à hui. *Paris, Jean Millot*, 1611 ; in-12, mar. rouge jans., dent. int., tr. dor. (*David*).   200 fr.

   Très rare. Les cartes sont de la réimpression.

1441. L'Estoile (Pierre de). Journal de Henri III [et de Henri IV] ou mémoires pour servir à l'histoire de France. Nouvelle édition, accompagnée de remarques historiques et des pièces manuscrites les plus curieuses de ce règne. *La Haye (Paris)*, 1741-1744 ; 9 vol. pet. in-8, veau, dos orn. (*Rel. anc.*).   70 fr.

1442. L'Estoile. Mémoires-journaux de Pierre de l'Estoile. Edition complète et entièrement conforme aux manuscrits originaux, publiée avec de nombreux documents inédits et un commentaire historique, biographique et bibliographique, par Brunet, Champollion, P. Lacroix, Tamizey de Larroque, etc. *Paris, Jouaust*, 1875-1883 ; 11 vol. in-8, demi-mar. rouge, tête dor., *non rogné.*   60 fr.

   Exemplaire sur papier vergé des Vosges.

1443. Le Ver (Girard). Vraye description de trois voyages de mer tres admirables, faicts en trois ans, a chacun an un, par les navires d'Hollande et Zélande au nord par derriere Norwège, Moscovie et Tartarie, vers les royaumes de China et Catay ; ensemble les decouvremens du Waygat, Nova Sembla et du pays situé sous la hauteur de 80 degrez ; lequel on présume être Groenlande, ou oncques personne n'a esté. Plus des ours cruels et ravissans, et autres monstres marins : et la froidure insupportable. D'avantage comment à la dernière fois la (*sic*) navire fut arrestée par la glace, et les matelots ont basti une maison sur le pays de Nova Sembla, situé souz la hauteur de 76 degrez, ou ils ont demouré l'espace de dix mois ; et comment ils ont, en petites barques passé la mer, bien 350 lieues d'eau, non sans péril, à grand travail et difficultez incroyables. *Imprimée à Amsterdam par Cornille Nicolas, sur l'eaue, au livre à écrire, 1598;* pet. in-fol., fig., mar. vert, dos orné, encad. de fil., coins ornés, dent. int., tr. dor. (*Petit*). 50 fr.

> Ouvrage fort RARE, orné de 32 belles figures, finement gravées.

1444. LONGUS. LES AMOURS PASTORALES de Daphnis et de Chloé, escriptes premièrement en grec par Longus, et puis traduictes en françois. *Paris, Vincent Sertenas,* 1559 ; in-8, mar. bleu, fil. à froid, doublé de mar. rouge, dent., tr. dor. (*Bauzonnet-Trautz.*) 600 fr.

> PREMIÈRE ÉDITION, très rare, de la traduction d'Amyot, comprenant 83 ff. chiffr. et 1 f. contenant au vᵉ la marque du libraire (Silvestre, nᵉ 221).

1445. Lottini (Angiolo). Scelta d'alcuni Miracoli e grazie della santissima Nunziata di Firenze. *Firenze, Cecconcelli,* 1619 ; pet. in-4, mar. brun, fil. à froid, tr. dor. (*Lortic*). 120 fr.

> Exemplaire de PREMIER TIRAGE de cet ouvrage recherché pour ses 41 gravures dues à *Matt. Rossell, Ant. Tempesta, Mascagnius, Ant. Pomæ* et autres, la plupart gravées par *Jacques Callot,* quoiqu'il ne se soit pas nommé. La planche de la p. 208 représente une curieuse scène d'exécution par un instrument de supplice ressemblant à la guillotine.

1446. Magnon. Les heures du chrestien divisées en trois journées. *Paris, Séb. Martin,* 1654 ; in-8, mar. rouge, dos orn., encad. de fil., coins orn., tr. dor. (*Rel. anc.*). 35 fr.

> Titre gravé, vignette sur le titre, et 9 figures.

1447. Malleville. Poésies du sieur de Malleville. *A Paris, Augustin Courbé,* 1640 ; in-4, mar. bleu, dos orné, fil., tr. dor. (*Capé*). 100 fr.

> Très bel exemplaire de la PREMIÈRE ÉDITION.

1448. MAINDRON (Ernest). Les Affiches illustrées. Ouvrage orné de 20 chromolithographies par Jules Chéret et de nombreuses reproductions, en noir et en couleur, d'après les documents originaux. *Paris, Launette,* 1886. — Les Affiches illustrées (1886-1895). Ouvrage orné de 64 lithographies en couleurs et de cent-deux repro-

ductions, en noir et en couleurs, d'après les Affiches originales des meilleurs artistes. *Paris, Boudet,* 1896. — Les Affiches étrangères illustrées. Par MM. Bauwens, T. Hayashi, La Forgue, Meier-Graefe, J. Pennell. Ouvrage illustré de soixante-deux lithographies en couleurs et de cent cinquante reproductions, en noir et en couleurs, d'après les Affiches originales des meilleurs artistes. *Paris, Boudet,* 1897 ; ensemble 3 vol. in-4, fig., demi-rel. mar. bleu avec coins, dos orn., têtes dor., *non rognés* (*Champs*). 300 fr.

> Collection complète des 3 volumes publiés sur les Affiches françaises et étrangères. Couvertures illustrées.
> Un des 25 exemplaires sur PAPIER DU JAPON contenant, pour les derniers volumes, un TIRAGE A PART, en noir sur PAPIER DE CHINE, de toutes les compositions hors texte. — On a ajouté au 1ᵉʳ volume 3 Affiches refusées.
> De la Bibliothèque de M. L. Conquet, avec son ex-libris. — Le 1ᵉʳ volume est cartonné bradel demi-percaline rouge avec coins, non rogné.

1449. Manesson Mallet (Allain). Les travaux de Mars, ou l'art de la guerre, divisés en trois parties. *Paris, Thierry,* 1684 ; 3 vol. in-8, fig., veau brun (*Rel. anc.*). 60 fr.

> Ouvrage illustré de 385 planches représentant des vues de villes et de châteaux, des costumes, etc., etc.

1450. MANUSCRIT du XVIIIᵉ siècle. Règlement de la vie chretienne et avis particuliers pour la conduite de la vie, 1753 ; pet. in-8, mar. bleu, dos orn., milieux dor., dent. int., tr. dor. (*Trautz-Bauzonnet*). 300 fr.

> Ce manuscrit est de la main de P.-L. GILBERT, maître d'écriture de Louis XV, et fils de Gilbert, qui fut maître d'écriture du Duc de Bourgogne, petit-fils de Louis XV.
> On y a joint une eau-forte avec son DESSIN ORIGINAL, représentant le Christ en croix, au pied de laquelle sont agenouillés de nombreux personnages ecclésiastiques.

1451. Marconville (Jehan de). De l'heur et malheur de mariage. Ensemble les lois connubiales de Plutarque, traduictes en françois, par Jehan de Marconville, gentil'homme percheron, revu et augmenté. *Paris, pour Jean Dallier,* 1571 ; in-8, mar. rouge jans., dent. int., tr. dor. (*Hardy*). 70 fr.

> Bel exemplaire d'un traité recherché

Et de Livres anciens et modernes

**1452. MARGUERITE DE VA-
LOIS**. L'HEPTAMERON DES NOU-
VELLES de tres illustre et tres
excellente princesse Marguerite de
Valois royne de Navarre. Remis en
son vray ordre, confus au para-
vant, en sa première impression,
et dedié à très illustre princesse
Jeanne, royne de Navarre, par
Claude Gruget, Parisien. *A Paris,
pour Vincent Sertenas*, 1560 ; in-4,
mar. bleu jans., doublé de mar.
bleu large dent., tr. dor. (*Trautz-
Bauzonnet*).   550 fr.

> Très bel exemplaire de la seconde édi-
> tion donnée par Cl. Gruget.

1453. Marguerite de Valois,
reine de France. Les Mémoires de
la roine Marguerite. *Paris, Charles
Chappelain,* 1628 ; in-8, mar.
rouge, dos orné, fil., tr. dor. (*Duru
et Chambolle*).   120 fr.

> ÉDITION ORIGINALE. Très bel exem-
> plaire. On a relié à la suite : *La Fortune
> de Cour. Ouvrage curieux tiré des mé-
> moires d'un des principaux conseillers
> du duc d'Alençon, frère du roi Henri III.
> Paris, Mc. de Sercy,* 1642. Cet ouvrage
> complète les mémoires de Marguerite,
> dont l'auteur est le sieur de la Nouville
> des Iles.

1454. Marsilli (Louis-Ferdin., comte
de). Histoire physique de la Mer
(traduite par D. Le Clerc). Ouvrage
enrichi de figures dessinées d'après
le naturel. *Amsterdam, aux dé-
pens de la Compagnie,* 1725 ;
in-fol., mar. rouge, dos orné, fil.,
tr. dor. (*Rel. anc.*).   100 fr.

> Très bel exemplaire orné d'un frontisp-
> pice et de 40 planches gravées en taille-
> douce par *Pool.*

1455. Martial d'Auvergne. LIII
Arrests d'amours. Aresta amorum.
Accuratissimis Benedicti Curtii
Symphoriani commentariis... Le
tout diligemment reveu et corrigé
en une infinité d'endroits. *Rouen,
Raphaël du Petit-Val,* 1587 ; in-16,
titre encadré, mar. rouge, dos
orné, fil., tr. dor. (*Rel. anc.*). 50 fr.

> Edition plus complète que les précé-
> dentes contenant à la suite des « Ordon-
> nances sur le fait des Masques ».

1456. Martignoni. Spiegazione della carta istorica del l'Italia e di una
parta della Germania. Dalla nas-
cita di Gesu Cristo sino all' anno
MDCC... da Girolamo Andrea
Martignoni Milanese. *In Roma,*

Rossi, 1721 ; in-4, mar. rouge, dos
orn., doubl. encad. de fil. à la
Duseuil, tr. dor. (*Rel. anc.*). 80 fr.

> Exemplaire aux armes.

1457. Martin (Daniel). Parlement
nouveau, ou Centurie interlinaire
de devis facétieusement sérieux et
sérieusement facétieux, compre-
nans sous les tiltres de Professions,
Charges, Artifices, Mestiers et autres estats tous les mots et phrases
nécessaires en la conversation humaine, et par ainsi servant de dictionnaire et monenclature aux ama-
teurs de deux langues françoise et
allemande... par Daniel Martin,
Linguiste, dernière édition. *A Strasbourg,* 1660 ; in-8 (Texte français
et allemand), mar. bleu, dos orné,
fil. à la Du Seuil, tr. dor. (*Closs*).
                             85 fr.

> Ouvrage curieux. TRÈS RARE.

1458. MASUCCIO. Il Novellino di
Massuccio Salernitano nel quale si
contengono cenquanta novelle. (A
la fin :) *Venetia, nella officina
Gregoriana,* 1522 ; in-4, mar.
rouge, dos ornés, milieux, tr. dor.
(*Trautz-Bauzonnet*).   350 fr.

> Belle et fort rare édition de ce recueil de
> 50 nouvelles du Boccace napolitain offrant
> un curieux tableau des mœurs licencieuses
> italiennes au XV° siècle.

1459. Méliadus. La Plaisante et
triumphante histoire des hauts et
chevalereux faicts d'armes du trespuissant et tres-magnanime, et tres-
victorieux prince Meliadus, dit le
chevalier de la Croix, fils unique
de Maximian, empereur des Alle-
maignes. Le tout mis en françois
par le chevalier du Clergé, humble
orateur. Nouvellement reveu et
corrigé. *Lyon, Benoist Rigaud,* 1581;
in-8, mar. rouge, dos orné, fil.,
coins remplis, tr. dor. (*Belz-Niedrée*).   120 fr.

> Traduction du roman de Leandro el Bel
> intitulé : *Libro del invincible cavallero
> Lopolemo, hijo del emperado de ale-
> mans, y de los hechos que hizo llaman-
> dose et cavallero de la Cruz.* Le premier
> livre du texte espagnol parut pour la pre-
> mière fois en 1524. (Voy. Cat. Salva, II,
> n° 1632).

1460. Menagiana sive excerpta
exore Ægidii Menagii. *A Paris,
chez F. et P. Delaulne,* 1693 ;
in-12, port. ajouté, mar. orange,

fleurettes sur le dos et aux angles des plats, dent. int , tr. dor. (*Trautz-Bauzonnet*).   60 fr.

> Edition originale publiée par Galland et Goulley.

1461. Menestrier. Le Véritable art du Blason, et la pratique des armoiries depuis leur institution. *Lyon, Benoist Coral*, 1671 ; in-12, fig. mar. rouge jans., dent. int., tr. dor. (*Pagnant*).   100 fr.

1462. Méré (Le Chevalier de). Les Agrémens ; De l'Esprit ; De la Conversation. Discours de Monsieur le Chevalier Méré à Madame ***. *Paris, chez Denys Thierry et Claude Barbin*, 1677 ; 3 ouvrages en 1 vol. in-12, mar. citron, chiffres sur le dos et les plats, dent. int., tr. dor. (*Trautz-Bauzonnet*).   100 fr.

> Exemplaire provenant de la Bibliothèque du Comte ROGER (du Nord).

1463. Merlin (Jacques). L'Exposition de l'Evangile Missus est, de nouveau faicte et imprimée, contenant le mystere de la reparation de nature humaine, 1538. *On les vend à Paris en la rue saint Jacques à lenseigne de la licorne et à lenseigne de la fleur de lys.* (A la fin:) *Imprimées à Paris par Ioland Bonhomme, veufve de feu Thielman Kerver... et pour Jehan Petit, et ont esté achevées le dix-septiesme jour du mois de janvier 1539* ; in-8 goth., mar. brun, fil. à froid, tr. dor. (*Petit*).   130 fr.

> Figures sur bois. Bel exemplaire de ce livre rare.

1464. Mézeray. Histoire de France avant Clovis, l'origine des Français et establissements dans les Gaules, 1 vol. Abrégé chronologique de l'histoire de France; 6 vol. — *Amsterdam, A. Wolfgang*, 1673-1688. Ens. 7 vol. in-12, mar. vert, dos ornés, comp. de fil. et coins dorés, dent. int., tr. dor. (*Capé*). 200 fr.

> Deux portraits et deux frontispices gravés.
> Cette édition est fort jolie, et c'est la seule de ce livre qui soit recherchée des curieux. Elle peut se joindre à la collection elzévirienne.

1465. Missæ episcopalis pro sacris ordinibus conferendis, secundùm ritum S. Romanæ Ecclesiæ, quibus additum est breve compen-

dium diversorum casuum tam collationem, quam executionem ordinum ecclesiasticorum impedientium ; per Hier. Machabeum, prœsulem Castrensium compilatum. *Venetiis, apud Junctas*, 1563 ; infol., mar. brun, dos et plats ornés de feuillages, milieux dor. (*Rel. de Ève un peu fatiguée*).   120 fr.

> Impression en caractères gothiques rouges et noirs, ornée de bonnes gravures sur bois.

1466. MODUS. LE ROY MODUS des deduitz de la chace, venerie et fauconnerie. *A Paris, par Guillaume Le Noir*, 1560 ; pet. in-8, fig. sur bois, mar. citron, dos orn., fleurons d'angles, fil., tr. dor. (*Boyet*) 1.200 fr.

> Jolie édition en lettres rondes. TRÉS RARE. Mouillures.
> Exemplaire de GUYON DE SARDIÈRE, portant sa signature sur les premier et dernier feuillets.
> Aux armes de BUSSY DE CHANTEMESLE.

1467. Molière. Œuvres avec un commentaire, un discours préliminaire, et une vie de Molière, par M. Auger. *Paris, Desoer*, 1819-1825 ; 9 vol. gr. in-8, demi-mar. vert avec coins, tête dor., *non rognés*. (*Reliure de l'époque*). 150 fr.

> Très bel exemplaire sur papier vélin, contenant 17 figures d'Horace Vernet AVANT LA LETTRE et un portrait de Molière d'après Fragonard.

1468. Molière. Œuvres complètes de Molière, nouvelle édition collationnée sur les textes originaux avec leurs variantes, précédée de l'histoire de sa vie et de ses ouvrages par M. J. Taschereau. *Paris, Furne et C*^{ie}*, 1863 ; 6 vol. in-8, demi-rel. mar. vert avec coins, dos orné mosaïqué, fil., tête dor., *non rogné* (*David*).   120 fr.

> Exemplaire sur GRAND PAPIER DE HOLLANDE. tiré à 100 exemplaires. On a ajouté le portrait de Molière gravé par *Ficquet* d'après *Coypel* et la suite des figures sur Chine de *Moreau le jeune* publiée par Renouard.

1469. MOLINET (Jean). Les Faictz et dictz de feu bonne memoire maistre Jehan Molinet, contenans plusieurs beaulx traictez, oraisons et champs royaulx. *Nouvellement imprimez à Paris, 1537. On les vend à Paris, chez Jehan Petit*, in-8 goth. de 4 et 250 ff., mar.

rouge, fil. à froid, tr. dor. (*Nie-drée*). 300 fr.

Bel exemplaire de la seconde édition des œuvres de Molinet ; il est enrichi de nombreuses notes marginales philologiques, littéraires et historiques du XVI° siècle.

1470. **MOLINET** (Jean). LES FAICTZ ET DICTZ de feu de bonne memoire Maistre Jehan Molinet, contenant plusieurs beaulx traictez, oraisons et champs royaulx. *On les vend a Paris en la rue Sainct Jacques a l'enseigne de la fleur de lys*, 1540 ; pet. in-8, lettres rondes, mar. rouge, dos orné, fil. à froid, milieux et coins dorés, tr. dor. (*Trautz-Bauzonnet*). 425 fr.

L'adresse portée au titre est celle de *Jehan Petit*. Brunet ne cite cette édition qu'avec l'adresse de *Denys Janot*, et cependant le présent exemplaire provient de sa collection.
Très bel exemplaire.

1471. **MONSTRELET**. LE PREMIER (SECOND ET TIERS) VOLUME DE ENGUERRAN DE MONSTRELET, ensuyvant Froissart, des croniques de France, Dangleterre, Descoce, Despaigne, de Bretaigne, de Gascongne, de Flandres et lieux circonvoisins ; avecques plusieurs aultres nouvelles choses advenues en Lombardie es ytalles en Allemaigne, Hongrie, Turquie et terres d'oultremer et autres divers pays, le tout fait et adjousté avecques la cronique dudit Monstrelet. *Imprimé à Paris, l'an de grâce* 1518. *Ilz se vendent à Paris, en la grant rue Saint-Jacques, à l'enseigne Sainct-Claude (marque de François Regnault)* ; 3 tomes en 2 vol. in-fol., goth., mar. rouge, dos orné, fil., tr. dor. (*Belz-Niedrée*). 500 fr.

Bel exemplaire grand de marges d'une édition rare de cette célèbre chronique qui contient des additions jusqu'en 1516.

1472. **MONTENAY** (Georgette de). Emblemes, ou devises chrestiennes, composées par damoiselle Georgette de Montenay. *Lyon, Jean Marcorelle*, 1571 ; in-4, vélin à recouvrements. (*Rel. anc.*). 500 fr.

EDITION ORIGINALE de ce livre rare et curieux renfermant cent emblèmes gravés par *Wœriot*.
Exemplaire contenant une belle épreuve du très rare portrait de Georgette de Montenay qui manque presque toujours.

1473. **MONTESQUIEU**. Œuvres. [Esprit des Loix et Lettres Persanes]. *Londres, chez Nourse*, 1769 ; 5 tomes en 10 vol. in-12, mar. vert, dos orné, fil., doubl. et gardes de tabis rouge, tr. dor. (*Rel. anc.*). 300 fr.

Bel exemplaire dans une jolie reliure souple de *Derôme*.
On a ajouté 2 beaux portraits de Montesquieu gravés.

1474. **Montfaucon** (Bern. de). Bibliotheca Coisliana, olim segueriana ; sive manuscriptorum omnium græcorum, quæ in ea continentur, accurata descriptio, ubi operum singulorum notitia datur, ætas cujusque manuscripti indicatur vetustiorum specimina exhibentur. *Parisiis, apud Lud. Guerin*, 1715 ; in-fol., pl., mar. rouge, dos orné, fil., tr. dor. (*Rel. anc.*). 80 fr.

Bel exemplaire d'un ouvrage d'une profonde érudition et de la plus haute importance pour la bibliographie des manuscrits grecs.

1475. **Muse** (la) chrestienne, ou Recueil des poésies chrestiennes tirées des principaux poètes français. Avec un discours de l'influence des astres, du destin ou fatalité, de l'interprétation des fables et pluralité des dieux introduits par les poètes, contenu en l'avant-propos de l'auteur de ce recueil. *Paris, Gervais Malot*, 1582 ; in-12, mar. rouge jans., tr. dor. (*Thibaron-Joly*). 70 fr.

L'éditeur dit qu'il a tiré ces poésies des six premiers et plus excellents poètes que la France ait encore portés, qui sont Ronsard, du Bellay, Jodelle, Baïf, Remy Belleau et Desportes.
Bel exemplaire.

1476. **Musée royal de Naples**. Peintures, bronzes et statues du cabinet secret, avec leur explication par M. C. F. (C. Famin). *Paris, Ledoux*, 1836 ; in-4, demi-rel. dos et coins de mar. rouge, *non rogné*. 125 fr.

Exemplaire en PAPIER VÉLIN, orné de 60 gravures coloriées.
Ce livre est le complément indispensable de toutes les collections de musées et doit trouver place dans un coin secret de la bibliothèque de l'artiste et de l'amateur.
Légères taches de rousseur.

1477. **Musique** (La) du Diable ou le Mercure galant dévalisé. *Paris, Robert le Turc (Hollande)*, 1711 ;

front., mar. rouge, dos orné, fil., tr. dor. (*Chambolle-Duru*). 40 fr.

Pamphlet rare et curieux. L'auteur, resté inconnu, met en scène Lulli et les musiciens du temps, Le Noble, de Visé et autres.

1478. MUSSET. Œuvres complètes de Alfred de Musset, avec lettres inédites, variantes, notes, index, fac-simile, notice biographique par son frère. *Paris, Charpentier*, 1866; 10 vol. gr. in-8, fig., demi-rel. dos et coins de mar. citron, dos orn. et mosaïqué de mar. bleu, fil., tête dor., *non rogné* (*David*). 500 fr.

28 dessins de *Bida* et un portrait d'Alfred de Musset gravés sous la direction de *Henriquel-Dupont*. Edition dite des Amis du Poète.

1479. Musset (Alfred de). Œuvres. *Paris, Alph. Lemerre*, 1876 ; 10 vol. — Biographie de Alfred de Musset, par Paul de Musset. *Paris, Alph. Lemerre*, 1877. Ens. 11 vol. pet. in-12, cart., *non rognés*. 100 fr.

Charmante édition ornée de 5 portraits d'Alfred de Musset auxquels on a joint la suite des eaux-fortes de *Monziès* d'après *Henri Pille*. Papier vergé.

1480. MYSTÈRE DES ACTES DES APOTRES. Le Premier [et le second] volume du Triumphant Mystère des Actes des Apostres translaté fidelement à la vérité historiale. Tout ordonné par personnages, dernierement joué à Bourges, et imprimé nouvellement à Paris, mil cinq cens quarante. *Paris, Arnoul et Charles les Angeliers frères*, 1540 ; 2 tomes en 1 vol. in 4, mar. rouge, dos orné, fil., tr. dor. (*Bauzonnet-Trautz*) 600 fr.

Cette édition recherchée porte sur le titre les marques de Guillaume Anabat et des frères Angeliers. Le premier volume se compose de 10 ff. lim., 197 ff. et 1 f. ; le second, 8 ff. lim., 251 ff. et 1 f. Belle impression gothique.

1481. NANI (Bapt.). Histoire de la République de Venise. (A la Sphère). *Cologne, Pierre Marteau*, 1682, 4 vol. — Seconde partie. *Amsterdam, Henri Schelte*, 1702, 2 vol. — Ens. 6 tomes rel. en 4 vol. in-12, front. et port., mar. rouge, dos orn., fil., tr. dor. (*Rel. anc.*). 200 fr.

Histoire estimée pour son exactitude. Cette traduction est de Fr. Tallemant dont c'est la meilleure édition, revue par Paulin de Masclari. Nombreux portraits. Bel exemplaire aux armes du Marquis de Chanaleilles.

1482. Naudæana et Patiniana, ou singularitez remarquables prises des conversations de MM. Naudé et Patin. *Paris, Fl. et Pierre Delaulne*, 1701 ; in-12, veau fauve, dos orné, fil. (*Rel. anc.*). 12 fr.

Bel exemplaire.

1483. Necker. De l'Administration des Finances de la France. *S. l.*, 1784 ; 3 vol. in-8, mar. rouge, dos ornés, fil., tr. dor. (*Rel. anc.*). 100 fr.

Bel exemplaire sur papier fort. Quelques taches.

1484. NEGRI. Nuove inventioni di Balli opera vaghissima di Cesare Negri Milanese detto il trombone, famoso, et excellente professore di Ballare. Nelle quale si danno i giusti modi del ben portar la vita, et di accomodarsi con ogni leggiadria di movimento alle Creanze, et Gratu d'Amore Conueneuoli à tutti i Cavalleri, et Dame. Per ogni forte di Ballo, Balletto et Brando d'Italia, di Spagna, et di Francia..... *Milano, Girolamo Bordone*, 1604 ; pet. in-fol., vélin blanc, fil. et milieux à froid. (*Rel. anc.*). 400 fr.

Ouvrage très rare et des plus curieux, orné du portrait de l'auteur et de 58 belles planches gravés à l'eau-forte par *Leone Pal'avicino*, d'après les dessins de *G. Mauro Rovera* dit *il Flammingho*. Ces gravures représentent les pas et les différentes danses exécutés par des personnages des deux sexes, accompagnés dans le texte de leur musique notée.

1485. ORDINAIRE DES CHRESTIENS (Sensuyt le Grant) qui enseigne à chascun bon chrestien et crestienne la voye et le chemin d'aller en Paradis et declaire la joye et la felicite des sauvez. (A la fin :) *Nouvellement imprimé à Paris, par Alain Lotrian, s. d.* ; pet. in-4 goth. de 4 et 150 ff. à 2 col., mar. rouge, dos orné, dent. à froid, tr. dor. (*Duru et Chambolle*). 250 fr.

Bel exemplaire de cette édition non citée par Brunet, ornée de 3 figures sur bois.

1486. Ordonnances et instructions faictes par feux de bonne mémoire les roys Charles VIIe, Loys XIe, Charles VIIIe et Françoys premier du nom : Extraictes et collationnées aux registres de la souveraine court de parlement à Paris... Adjousté en la fin d'icelles les Ordonnances

Et de Livres anciens et modernes

faictes par le roy Francoys jusques en l'an mil cinq cens XXXV. *On les vend à Paris, en la rue neufve nostre dame à l'enseigne de l'écu de France,* 1535 ; in-8 goth. de 30 et 376 ff., mar. brun, dos orné, fil. et comp. à froid, tr. dor. (*Capé*). 150 fr.

Edition bien complète des Ordonnances des rois de France, à la suite de laquelle on a relié : *Articles des Injonctions, deffenses et declarations faictes et publiées en la court de Parlement, pour l'abbreviation de la justice es causes venans en ladicte court.* A Paris, par Jehan André, 1536 : in-8, de 12 ff. goth. non chiffr.

1487. Ordre (C'est l') tenu et gardé en la notable et quasi divine assemblée des troys estats representans tout le royaulme de France, convoquez en la ville de Tours par le feu roy Charles VIII (en 1483), contenant la tres eloquente et fructueuse proposition faicte en ladicte assemblée… par feu maistre de Rely… *Ils se vendent à Paris, pour Galliot du Pré,* s. d. (1518) ; in-8 goth. de 8 et 92 ff., vélin. 150 fr.

Livre précieux pour l'histoire des assemblees délibérantes à la fin du XVe siècle.

On y trouve au début tous les noms des députés du clergé de la noblesse et du tiers état. Jean de Rely était l'un des représentants du clergé parisien.

1488. Ordre du Saint-Esprit. Les Noms, Surnoms, qualités, armes et blasons des Chevaliers de l'Ordre du Sainct-Esprit, crées par Louis quatorzième du nom, Roy de France et de Navarre, à Paris dans l'église des Augustins le 1er jour de l'an 1662. *S. l. n. d.* (*Paris, vers* 1663) ; pet. in-fol., veau. 50 fr.

Titre et 78 planches de blasons gravés sur cuivre, donnant les armoiries des récipiendaires.

1489. OVIDE. LES MÉTAMORPHOSES D'OVIDE, en latin et en françois, de la traduction de M. l'abbé Banier ; avec des explications historiques. *Paris, Delormel,* 1767-1770 ; 4 vol. in-4, front., mar. rouge, dos orné, fil., tr. dor. (*Rel. anc.*). 1.000 fr.

Edition qui est certainement l'un des plus beaux livres du XVIIIe siècle, contenant la suite des 140 charmantes estampes de *Moreau, Boucher, Eisen, Monnet, S.-Gois.* etc.

1490. Palissy (Œuvres de Bernard), revues sur les exemplaires de la Bibliothèque du Roi, avec des notes par MM. Faujas de Saint-Fond et

Gobet. *Paris, Ruault,* 1777 ; in-4, veau. 15 fr.

Excellente édition contenant tous les traités de B. Palissy : De l'Art de Terre ; des Terres d'argile ; des Pierres ; de la Marne ; Observations sur la Marne ; Essay sur la Terre Sigillée ; des Sels divers ; des Eaux et Fontaines ; des Métaux et Alchymie ; de l'Or potable ; du Mitridat ; des Abus et Ignorance des Médecins, etc.

1491. Paris. Collection des principaux monumens et vues de Paris. *Paris, Vallardi* ; in-12 obl., veau fauve, dos orn., orn. dor. et à froid, tr. dor. 60 fr.

Titre et 78 planches gravés par *Durau, Jullet, Nyon,* d'après *Hédouin, Chazal, Julien, Santi, Toselli.*

1492. Parrhasiana ou pensées diverses sur des matières de critique, d'histoire, de morale et de politique, par Theodore Parrhase. *Amsterdam, les hérit. d'Antoine Schelte,* 1699 ; in-12, veau fauve, dos orné, fil. (*Rel. anc.*). 10 fr.

Bel exemplaire.

1493. Pasquier (Estienne). La Main, ou Œuvres poétiques faits sur la main de Estienne Pasquier. *Paris, Michel Gadouleau,* 1584 ; in-4, mar. rouge jans., tr. dor. (*Trautz-Bauzonnet*). 150 fr.

Bel exemplaire grand de marges.

1494. Passerat (Jean). Recueil des Œuvres poétiques de Jean Passerat, augmenté de plus de la moitié, outre les précédentes impressions. *Paris, Abel l'Angelier,* 1606 ; in-8, portr. Kalendæ Janueriæ et varia quædam poëmatia. — *Parisiis, apud Abel Angelerium,* 1606 ; in-8. Ens. 2 tomes en un vol. in-8, mar. bleu, dos orné, fil., tr. dor. (*Trautz-Bauzonnet*). 250 fr.

Rare et belle édition recherchée, ornée d'un joli portrait gravé par *Th. de Leu.* Très bel exemplaire.

1495. Petius (Laur.). Vinea Domini, cum brevi descriptione sacramentorum et Paradisi, Limbi, Purgatori atque Inferni, cum appositir figuristam Novi quam Veteris Testamenti. *Venetiis, H. Porrus,* 1588 ; in-8, titre gravé et fig., mar. brun, dos orné, fil. à froid, tr. dor. (*Capé*). 120 fr.

Très bel exemplaire d'un livre rare avec le PREMIER TIRAGE des figures comprenant un titre, le portrait de l'auteur et 13 planches gravés avec finesse par *H. Porro.*

1496. Phædrus. Fabularum æsopiarum libri V. Interpretatione et notes illustravit Petrus Danet. *Parisiis, Fr. Léonard*, 1675 ; in-4, mar. rouge, dos ornés, doubl. enc. de fil., tr. dor. (*Du Seuil*). 100 fr.

Aux armes de J.-B. Colbert.

1497. Phædri Augusti liberti Fabularum Acsopiarum Libri quinque (curanti J.-B. Le Mascrier). *Parisiis, apud Cousielier*, 1742 ; in-12, front., mar. vert olive, dos orné, fil., tr. dor. (*Rel. anc.*). 45 fr.

Exemplaire imprimé sur papier de Hollande ; la reliure est aux ARMES D'UN ÉVÊQUE.

1498. Platine. Platynæ de Honesta Voluptate : et valitudine : vel de obsoniis et Arte Coquinaria libri decem. (In fine :) *Venetiis, Bernardinus Venetus, anno* 1498; in-4, mar. violet, dos orné, tr. dor. (*Chambolle-Duru*). 200 fr.

Édition citée par Hain, n° 13055. Très bel exemplaire dans une splendide reliure.

1499. Platon. Œuvres de Platon, traduits par Victor Cousin. *Paris, Rey*, 1846 ; 13 vol. in-8, demi-rel. chagrin rouge. 80 fr.

Ouvrage rare.

1500. Procès d'Amour (Les Cinq premiers livres du) avec les amours chrestiennes du mesme autheur. *Paris, Antoine Estienne*, 1630 ; in-4, mar. rouge, dos orné, tr. dor. (*Trautz-Bauzonnet*). 250 fr.

Ouvrage anonyme. L'imprimeur dit que ce livre « lui est venu de la Bibliothèque d'un personnage d'érudition et qui le prisoit grandement ». Il se compose de 8 ff. prél. dont le dernier blanc. et 211 pp.
Exemplaire provenant de la Bibliothèque du comte d'AUFFAY et de celle du comte de BÉHAGUE.

1501. RABELAIS. Œuvres de maitre François Rabelais, suivies des remarques publiées en anglois par M. Le Motteux, et traduites en françois par C. D. M. (de Missy). Nouvelle édition, ornée de 76 gravures. *Paris, Bastien*, 1798 ; 3 vol. in-4, fig., veau fauve, fil., dos orné, tr. dor. (*Rel. anc.*). 250 fr.

Très bel exemplaire avec les figures AVANT LES NUMÉROS.

1502. Rabelli. Mascarades monastiques et religieuses de toutes les nations du globe, représentées par des figures coloriées dans la plus exacte vérité, avec l'abrégé historique, chronologique et critique de chaque ordre, enrichi de notes sur l'origine de toutes ces pieuses folies par Giacomo Carlo Rabelli. *A Paris, l'an Ier de la République française*, 1792 (*imprimé l'an II*) ; in-8, mar. La Vallière jans., tr. dor. (*Trautz-Bauzonnet*). 175 fr.

Ouvrage orné de 26 figures coloriées.
Le nom véritable de l'auteur est Jacques-Charles Bar, auteur d'un ouvrage ayant le même sujet, mais traité dans un tout autre ordre d'esprit.
Très bel exemplaire.

1503. RACINE. Œuvres. Nouvelle édition, revue sur les plus anciennes impressions et les autographes, et augmentée de morceaux inédits, de variantes, de notices, de notes, d'un lexique des mots, etc., par M. Paul Mesnard. *Paris, Librairie de L. Hachette et Cie*, 1865-1873 ; 8 vol. plus 1 vol. de musique et 1 album. Ens. 10 vol. gr. in-8, demi-rel. dos et coins de mar. rouge, dos ornés, fil. sur les plats, têtes dor., *non rogné*, couv. (*Cuzin père*). 400 fr.

Très bel exemplaire.

1504. RAPIN DE TOYRAS. Histoire d'Angleterre. *La Haye, A. de Rogissart*, 1727-1728 ; 10 vol. in-4, mar. rouge, fil. (*Rel. anc.*). 200 fr.

Orné de portraits, cartes, tableaux généalogiques et 1 front. gravés.
AUX ARMES DE LOUIS XV, AVEC SON CHIFFRE SUR LE DOS.

1505. Recueil de divers voyages faits en Afrique et en l'Amérique, qui n'ont point esté encore publiés, contenant l'origine, les mœurs, les coutumes et le commerce des habitants de ces deux parties du monde. Avec des traitez curieux touchant la Haute-Ethyopie, le débordement du Nil, la mer Rouge et le Prete-Jean. *Paris, Louis Billaine*, 1674 ; in-4, fig. et cartes, mar. rouge, dos orné, fil., dent. int., tr. dor. (*Thibaron*). 150 fr.

Ce rare et curieux recueil contient : Histoire des Barbades par Lignon ; Extrait de l'histoire d'Ethiopie de Telles ; Relation des Caraïbes, par de La Borde ; Description de l'Empire du Prêtre-Jean, de la Jamaïque, et relation du voyage fait sur les côtes d'Afrique en 1670 et 1671.

Et de Livres anciens et modernes

1506. REGNAUT (Anthoine). Discours du Voyage d'Outre mer au Sainct Sepulcre de Jerusalem et autres lieux de la Terre Saincte. Avec plusieurs traictez. Par Antoine Regnaut, bourgeois de Paris. *Imprimé à Lyon aux despens de l'auteur*, 1573. *On les vend à Paris aux faulxbourgs Saint Jacques, à lenseigne de la Croix de Hierusalem ;* in-4, mar. rouge jans., tr. dor. (*Cuzin*).   350 fr.

Exemplaire renfermant la seconde partie : Ordonnances des empereurs, roys et princes de France qui ont esté souverains et chefz de l'Ordre des chevaliers et voyagers du Saint Sepulchre de nostre Redempteur Jésu-Christ, en Jérusalem outre mer. Imprimées à Paris, par Nicolas du Chemin pour Anthoine Regnault, 1573.
Le volume se compose de 4 ff. lim., 289 pp., 8 ff. pour le Catalogue des traictés, la table et le dernier f. blanc (les ordonnances commençant à la page 264); et 4 cartes hors texte (le supp. au Brunet n'en indiquant que 3), 59 figures sur bois par J. Moni dont les bois avaient déjà servi pour les figures de la Bible de J. Guéroult.

1507. Régnier. Les Satyres du sieur Régnier. Dernière édition, revue, corrigée et de beaucoup augmentée, tant par le sieur Sigogne, que de Berthelot. *Paris, Nicolas et Jean de la Coste*, 1635 ; in-8, mar. rouge, dos orné, fil., tr. dor. (*Capé*). 80 fr.

Très bel exemplaire.

1508. Relation contenant l'histoire de l'Académie françoise, par M. G*** (Pellisson-Fontanier). *Jouxte la copie imprimée à Paris, chez Augustin Courbé*, 1671 ; in-12, mar. rouge, dos orné, fil., dent. int , tr. dor. (*Lortic*).   40 fr.

Willems. Les Elzevier, n° 1860.
Exemplaire aux armes du comte de Lagondie. Hauteur : 130 mill.

1509. Rhodiginus (Lud.-Cœlius). Antiquarum libri (sexdecim). *Venetiis, in ædibus Aldi et Andreæ Soceri, mense februario*, 1516 ; in-fol. de 40 ff. et 862 pp. et 3 ff., mar. vert, comp. de filets, tr. dor.   80 fr.

Bel exemplaire de cette édition, dédiée par l'auteur au célèbre bibliophile Jean Grolier.
Aux armes du baron Seillière.

1510. Rivière, André et Roze. Les Fougères, choix des espèces les plus remarquables pour la décoration des serres, parcs, jardins et salons, précédé de leur histoire botanique et horticole, par MM. Aug. Rivière, E. André et E. Roze. *Paris, Rothschild*, 1867-1868 ; 2 vol. gr. in-8, demi-rel. dos et coins de mar. vert, tête dor., *non rognés* (*David*).   50 fr.

155 planches en couleur et 239 gravures sur bois.
Bel exemplaire.

1511. ROLLIN. Histoire ancienne des Egyptiens, des Carthaginois, des Assyriens, des Babyloniens, des Mèdes et des Perses, des Macédoniens, des Grecs. *Paris, Vve Estienne*, 1741-1748 ; 13 vol. in-12, mar. citron, dos orné, fil., tr. dor. (*Rel. anc.*).   500 fr.

Aux armes de Madame Sophie.
Un des volumes a les armes enlevées.

1512. Ronsard. Les Quatre premiers livres des Odes de P. de Ronsard, Vandomois. *Paris, veufve Maurice de la Porte*, 1555 ; in-8, de 4 et 132 ff., portr., mar. rouge, fil. à froid, tr. dor. (*Bauzonnet-Trautz*).   300 fr.

Exemplaire très grand de marges. Portrait de Ronsard gravé sur bois.

1513. Ronsard. Le Cinqième (*sic*) des Odes de P. de Ronsard, augmenté. Ensemble la Harangue que fit Monseigneur le duc de Guise aus soudars de Metz le jour qu'il pensoit avoir l'assaut, traduite en partie de Tyrtée, poète grec, et dédiée à Monseigneur le Reverendime (*sic*) Cardinal de Lorraine, son frère. *Paris, veuve Maurice de la Porte*, 1553 ; in-8 de 180 pp., mar. rouge, fil. à froid, tr. dor. (*Trautz-Bauzonnet*).   300 fr.

Édition originale, très rare, du cinquième livre des *Odes*, renfermant en outre *Les Bacanales, ou le Folatrime voiage d'Hercueil près Paris, dédié à la joyeuse troupe de ses compagnons*.
Exemplaire réglé, grand de marges. Portrait de Ronsard gravé sur bois.

1514. Ronsard. Les quatre premiers livre (*sic*) de la Franciade. *Paris, Gabriel Buon*, 1572 ; in-4, mar. brun, milieux de feuillages, tr. dor. (*Masson-Debonnelle*).   300 fr.

Edition originale ornée des portraits de Ronsard et de Charles IX.
Bel exemplaire.

1515. Ronsard. Les Hymnes. *Paris, Wechel*, 1555. — Le second livre des Hymnes. *Paris, Wechel*, 1556.

Achat de Bibliothèques

— Hymne de Bacus, avec la version latine de Jean Dorat. *Paris, Wechel*, 1555. — L'Hymne de tresillustre prince Charles, cardinal de Lorraine. *Paris , Wechel ,* 1559. — Chant de liesse. Au roy. *Paris, Wechel,* 1559. Ens. 5 parties en un vol. in-4, mar. brun, milieux de feuillage, tr. dor. (*Capé*). 300 fr.

ÉDITIONS ORIGINALES en 199 pp., 103 pp., 32 pp., 16 ff. et 4 ff.

1516. Rosario della Sacma Vergine Maria, con li Miracoli fatti per virtu del Rosario, Brevi, Bolle et Indulgenze. *In Venetia MDLXXXVII, appresso Bernardo Giunti ;* 3 parties .en un vol. pet. in-4, mar. bleu jans. , dent. int. , tr. dor. (*Petit*).   70 fr.

Bel exemplaire orné d'un frontispice gravée, de 23 figures (une est répétée) par *Giacomo Franco* gravées sur cuivre. Sur le titre de la partie traitant des Indulgences se trouve une jolie vignette.

Le frontispice est légèrement plus court en tête.

1517. ROZIER (le) ou EPITHOME HYSRIAL de France, divisé en trois parties. En la premiere est traicte depuis la creation du monde iusqs au roy Pharamon premier roy de de France, contenant les genealogies et descentes des Gaulloys ou Françoys, Troyens , Latins , Allemans; Bretons, Anglois, Brebançons, et autres jusques audit Pharamon. La seconde partie laquelle fut compilée a la requeste du feu roy Loys unziesme, que dieu absoulle , contient par maniere de cronique et par années distinctes les faitz et gestes des François, Angloys, Ecossoys, Espaignolz et autres dignes de mémoire. La tierce partie contient le Rozier des guerres ou sont contenus plusieurs bons enseignemens. *On les vend a Paris eu la rue saint Jaques a l'enseigne de l'Elephant. — Cy fine ce present livre intitule le Rozier hystorial de France... Et fut acheve d'imprimer le XXe jour de Fevrier* 1528 *avant Pasques ;* in-fol. goth. à 2 col., fig. sur bois, mar. brun jans., tr. dor. (*Chambolle-Duru*).   400 fr.

On sait aujourd'hui que le véritable nom du compilateur qui s'est déguisé sous l'anagramme *Reproche n'y siet* est Pierre Choysnet.

Outre un très beau titre gravé sur bois et d'un grand nombre de portraits de personnages historiques, l'illustration donne la représentation de batailles, entre autres celles d'Aguadel et de Ravenne, très délicatement composées.

1518. SABBATHIER. Dictionnaire pour l'intelligence des Auteurs Classiques, grecs et latins, tant sacrés que profanes, contenant la Géographie, l'Histoire, la Fable et les Antiquités. Dédié à Monseigneur le Duc de Choiseul, par M. Sabbathier (Tomes I à VI. A à Bethzecha). *A Chalons-sur-Marne, chez Seneuze, et à Paris, chez Delalain ,* 1766-1769 ; 6 vol. in-8, mar. rouge, dos ornés, fil., tr. dor. (*Rel. anc.*).   400 fr.

Exemplaire aux armes du COMTE DE PROVENCE, depuis LOUIS XVIII.

1519. Saint-Albin. Les Salles d'Armes de Paris. *Paris, Glady,* 1875 ; in-8, br.   10 fr.

PAPIER VAN GELDER. Nombreux portraits par *Courtry*, gravés à l'eau-forte.

1520. Saint-Allais. Nobiliaire universel de France, ou recueil général des généalogies historiques des maisons nobles de ce royaume, par M. de Saint-Allais et par M. de la Chabeaussière. *Paris , Bachelin-Deflorenne,* 1872-1877 ; 20 vol. in-8, demi-rel. mar. rouge, tête dor., *non rognés*.   150 fr.

1521. SAINT-JÉROME. Les Epistres de monseigneur sainct Hierosme en françois. *On les vend a Paris, a la rue neufue nostre dame a lenseigne de Lagnus Dei.* — (A la fin :) *Imprime a Paris, pour Guillaume Eustace libraire du Roy,* s. d. (1520); 3 parties en 1 vol. in-fol. de 4 ff. lim. clj, xxxii, cviij et 2 ff. à 2 col., caract. goth., mar. rouge jans., tr. dor. (*Belz-Niedrée*).   200 fr.

1522. SAINT-JÉROME. Épistres familières de Sainct Hiérosme divisées en trois livres. Traduites de latin en françois par Jean de Lavardin, abbé de l'Estoille. *Paris, Mathieu Guillemot,* 1596 ; in-8 réglé, mar. olive, plats et dos entièrement semés de fleurs de lys, coins ornés de feuillages et d'une tête d'ange, au milieu des plats un Christ en

Et de Livres anciens et modernes

croix entouré de flammes, tr. dor. (*Rel. anc.*). **500 fr.**

> Reliure de la fin du XVI siècle, très bien conservée.
> Sur le dos : M. MARGUERITE LE ROY, le nom et prénom de la personne pour laquelle cette jolie reliure a été faite.

1523. Salnove. La venerie royale ; divisée en IV parties : qui contiennent les chasses du Cerf, du Lièvre, du Chevreuil, du Sanglier, du Loup et du Renard. Avec le dénombrement des forests et grands buissons de France, où se doivent placer les logemens, questes et relais, pour y chasser ; par messire Robert de Salnove. *Paris, Ant. de Sommaville*, 1665 ; in-4, front., veau marbr., dos orn., fil., dent. int., tr. dor. **150 fr.**

> Exemplaire portant la signature de [Gabriel-Honoré-Riquetti] de Mirabeau, reconnue exacte en la comparant à l'autographe provenant de la collection Lucas de Montigny (Isographie des Hommes célèbres).

1524. SBARRA. Il Pomo d'oro, festa teatrale rappresentata in Vienna per Augustiss. nozze delle sacre cesaree e reali maestà di Leopoldo e Margherita, componimento di Francesco Sbarra. *In Vienna d'Austria, appresso Matteo Cosmerovio*, 1667 ; petit in-fol., fig., cart., tr. dor. (*Rel. anc.*). **200 fr.**

> Ouvrage TRÈS RARE, orné de 24 jolies et curieuses planches se dépliant, gravées par M. *Küsel* d'après *Ludov. Burnacini*.

1525. Scaligerana. Editio altera, ad verum exemplar restituta, et innumeris iisque fœdissimis mendis, quibus prior illa passim scatebat, diligentissimè purgata. *Coloniæ-Agrippinæ, apud Gerbrandum Scagen*, 1667 ; in-12, veau fauve, dos orné, fil. (*Rel. anc.*). 15 fr.

1526. Segoing (Charles). Trésor héraldique, ou mercure armorial, où sont démonstrées toutes les choses nécessaires pour acquérir une parfaite connaissance de l'art de blazonner. *Paris*, 1657 ; in-fol., veau marbré. **50 fr.**

> Blasons dans le texte.

1527. SONGE DU VERGIER (Le) lequel parle de la disputacion du clerc et du chevalier. (A la fin :) *Imprimé par le petit Laurens pour venerable homme Jehan Petit libraire demou-*rant a Paris en la rue saint Jacques a lenseigne du lyon dargent (vers 1500) ; in-fol. goth. de 142 ff., réglé, mar. citron, dos orné, dent., tr. dor. (*Rel. anc.*). **400 fr.**

> Ouvrage remarquable composé vers l'année 1374, dans le but de défendre la juridiction royale contre les entreprises de la juridiction ecclésiastique. Le Songe du Vergier a été attribué à six ou sept auteurs différents, dont trois paraissent avoir le plus de droits à cette attribution. Ce sont : Raoul de Presle, Philippe de Mezières et Charles de Louviers.
> Bel exemplaire d'une très bonne édition rare et recherchée.

1528. Stosch. Pierres antiques gravées sur lesquelles les graveurs ont mis leurs noms, dessinées et gravées en cuivre sur les originaux, par B. Picart ; expliquées par Ph. de Stosch et traduites en français par M. de Limiers. *Amsterdam, Bernard Picart*, 1724 ; in-fol. pl. veau fauve, fil. **45 fr.**

> Exemplaire en GRAND PAPIER avec les armes et le monogramme de FOUQUET sur le dos de la reliure.

1529. Swenbach. Réunion de divers suites de gravures de Swenbach ; 3 vol. in-4, demi-mar. rouge, dos orn., plats papier, dent. (*Rel. anc.*). **250 fr.**

> ENCYCLOPÉDIE PITTORESQUE ou suite de compositions, caprices et études gravées au trait. *A Paris, chez l'auteur*, s. d. Cahiers 4 à 6 (planches 91 à 180).
> 2° ETUDE DE CHEVAUX gravée manière crayon. *A Paris, chez l'auteur*, s. d. ; 12 cahiers, 120 planches.
> 3° Sujets divers gravés manière crayon (faisant suite au précédent. *A Paris, chez l'auteur*, s. d., 24 planches.
> Beaux exemplaires aux armes de la DUCHESSE DE BERRY sur les plats supérieurs.
> Ex-libris Bibliot. de Rosny.

1530. Swinburne (Henri). Voyage dans les Deux Siècles en 1777, 1778, 1779 et 1780, traduit de l'anglais par un voyageur françois (par J.-B. de La Borde). *Paris, Didot*, 1785-1786 ; 4 vol. — Voyage en Espagne en 1775 et 1776, traduit de l'anglois (par J.-B. de La Borde). *Paris, Didot*, 1787 ; 1 vol. — Ens. 5 vol. in-8, mar. rouge, dos orn., fil., tr. dor. (*Derome*). **200 fr.**

1531. Tabarin. L'Almanach prophétique du sieur Tabarin pour l'année 1623. Avec les prédictions admirables pour chaque moys de la dite année, le tout diligemment calculé sur son Ephéméride de la Place Dauphine. *Paris, René Bretet,* 1621 ; in-8 de 16 p., mar. rouge, dos orné, fil., dent. int., tr. dor. (*Bauzonnet-Trautz*).   60 fr.

> Opuscule de toute rareté.
> Exemplaire du baron de Ruble avec son ex-libris.
> Un feuillet légèrement sali.

1532. Tabourot des Accords. Les Bigarrures et touches du seigneur des Accords ; avec les apophtegmes du sieur Gaulard, et les Escraignes dijonnoises. Dernière édition. *Paris, Arnould Cotinet,* 1662 ; in-12, mar. rouge, dos orné, fil., tr. dor. (*Rel. anc.*).   100 fr.

> Édition renfermant les Rebus de Picardie, illustrés de vignettes sur bois.

1533. Tallemant des Réaux. Les Historiettes de Tallemant des Réaux. Troisième édition entièrement revue sur le manuscrit original et disposée dans un nouvel ordre. *Paris, J. Techener,* 1854-1860 ; 9 vol. in-8, demi-rel. chag. Lavall.   75 fr.

> Édition publiée par MM. Monmerqué et Paulin Paris.

1534. TASSE. La Gerusalemme liberata di Torquato Tasso. *Parigi, Delalain, Durand, Molini,* 1771 ; 2 vol. in-4, fig., mar. rouge, dos orn., fil., tr. dor. (*Derome*). 400 fr.

> Un des rares exemplaires tirés in-4, de cette très belle édition illustrée de 2 front. avec les port. du Tasse et de Gravelot, 2 titres grav. avec fleurons par *Drouet*, une dédicace avec vignette par *Le Roy*, 20 figures, 9 grands culs-de-lampe, 14 petits culs-de-lampe, et 20 vignettes avec portraits par *Gravelot*, gravés par *Baquoy, Duclos, Henriquez, Lingée Massard, Mesnil, Née, Patas, Fonce, Rousseau, Le Roy, Simonet* et *Leveau*.
> Reliure très fraîche.

1535. Testament (Nouveau). Version du nouveau Testament selon la Vulgate, par le P. Amelotte. Nouvelle édition, revue et corrigée. *Paris, Mazières et Garnier,* 1738 ; 2 vol. in-12, mar. citron, dos orné, fil., tr. dor. (*Rel. anc.*).   250 fr.

> Bel exemplaire aux armes du Cardinal de ROHAN.

1536. Thiers. Histoire du Consulat et de l'Empire, faisant suite à l'Histoire de la Révolution française, par M. A. Thiers. *Paris, Paulin,* 1845-1862 ; 20 vol. in-8, demi-rel. veau fauve, dos orné et atlas de 66 planches gravées, cart. (*Kaufmann*) 90 fr.

> Bel exemplaire de l'édition originale ornée du portrait de l'auteur et d'un grand nombre de figures par Sandoz, K. Girardet, Isabey, Charpentier, etc.

1537. TITE-LIVE. Le Premier (le second et le tiers) volume des grans decades de Titus Livius translatees de latin en françoys (par Pierre Berchoire), nouvellement corrigées et amendées. Et en essuyant les faictz dudit Tytus Livius aucunes addicions de plusieurs grans historiographes si comme Orose, Saluste, Suetone et Lucain. *Imprime a Paris, pour Ambroise Girault, par Nicolas Savetier,* 1530 ; 3 tomes en 2 vol. in-fol. goth. à 2 col., mar. rouge jans., tr. dor. (*Chambolle-Duru*).   300 fr.

> Très bonne édition illustrée de figures sur bois, avec titres encadrés. Le tome III est de l'édition imprimée à Paris, l'an 1515, le quatorziesme jour d'octobre, pour François Regnault.

1538. TOISON D'OR Le premier (et second) volume (s), de la Thoison d'or. Composé par reverend père en dieu Guillaume par la permission divine, jadis evesque de Tournay, abbé de Sainct Bertin et chancellier de lordre de la Thoison d'or. Du bon duc Philippe de Bourgongne. Auquel soubz les vertus de magnanimite et justice appartenans a lestat de noblesse sont contenus les haulx, vertueux et magnanimes faictz, tant des tres chretiĉnes maisons de France, Bourgõgne et Flandres que daultres roys et princes de lancien et nouveau testament. Nouvellement imprimé. *On les vend à Paris en la rue Saint-Jacques a lenseigne du Loup, devant les Mathurins.* (A la fin du second volume) : Cy fine le secõd volume de la thoison dor. *Imprimée à Troyes par Nicolas le rouge, imprimeur et libraire. Lan mil cinq centz et trente (1530). Le vingt et ungiesme iour dapvril ;* 2 tomes en un vol. in-4, goth., fig. sur bois, mar. vert, dos orn., dent., tr. dor. (*Rel. anc.*).   500 fr.

> Ouvrage portant sur le titre la marque de *Jean Petit*, et illustré de jolies figures sur bois.

1539. Trissino (Gio-Giorg). Dante, de la volgare eloquenzia. *Vicenza, Janiculo da Bressa,* 1529. — Dialogo intituloto il castellano, nel quale si tratta de la linguae italiana. *Vicenza, Janiculo,* 1529. — Epistola de le lettere nuovamente aggiunte ne la lingua italiana. *Vicenza, Janiculo,* 1529. — La poetica di M. Giovan Giorgo Trissino. *Vicenza, Janiculo,* 1529. Ens. 4 ouvrages, reliés en un vol., mar. rouge, dos orn., fil., dent. int., tr. dor. (*Ad. Bertrand*).   **150 fr.**

> Réunion des 4 principales œuvres de Trissino. Superbe exemplaire.

1540. Trofeo della vittoria sacra, ottenuta contra Turchi nell'anno 1571 : rizzato da i più dotti spiriti de' nostri tiempi ; con diverse rime raccolte de Luigo Groto, cieco di Hadria. *In Venetia, appr. Sig. Bordogna e Fr. Patriani, s. d.* (1572) ; pet. in-8, mar. bleu, dos orné, fil., tr. dor. (*Trautz-Bauzonnet*).   **120 fr.**

> Recueil de pièces publiées à l'occasion de la bataille de Lépante, réunies et imprimées par les soins de Louis Groto ; ce recueil est précédé d'une relation du combat, d'une liste des galères avec les noms des commandants et d'une table des pièces insérées.
> Curieuses figures sur bois.

1541. Vaissette (Dom). Histoire générale de Languedoc, avec des notes et les pièces justificatives : composée sur les auteurs et les titres originaux, et enrichie de divers monuments. *Paris, J. Vincent,* 1730 ; 5 vol. in-fol., veau, fil., tr. marbr., dos orné. (*Rel. anc.*) 110 fr.

> Bon exemplaire.

1542. VALENTINUS. Sacri Rosarii Virginis Mariæ ab hæreticorum calumniis defensio una cum mysteriis et bullis romanorum pontificum per Josephum Stephanum Valentinum ex auctoritate superior. *Romæ Ex Typographia Dominici Basæ,* 1584 ; in-4 de 5 ff. lim., et 210 pp., mar. grenat, fil. à froid, dent. int., tr. dor. (*Lortic*). 300 fr.

> Titre et 22 fig. gravés sur cuivre.

1543. Valesiana ou les pensées critiques, historiques et morales et les poésies latines de M. de Va-

lois, historiographe de France recueillis par M. de Valois son-fils. *Paris, Florentin et Pierre Delaulne,* 1695 ; in-12, veau fauve, dos orné, fil. (*Rel. anc*).   **15 fr.**

> Frontispice et figure sur cuivre. Bel exemplaire.

1544. Varillas. La pratique de l'éducation des princes. *Paris, Claude Barbin,* 1684 ; in-4, mar. rouge, fil., dos orné, tr. dor. (*Rel. anc.*).   **40 fr.**

> Fleuron, vignettes et lettres ornées gravées sur cuivre.

1545. VARRO (M. T.). M. Terentii Varronis opera quæ supersunt. In lib. de ling. lat. coiectanea Josephi Scaligeri. In lib. de Rust. Notæ ejusdem... Editio Tertia, recognita et aucta. *S. l. (Genevæ, H. Stephanus),* 1581 ; 5 parties en un vol. in-8, réglé. mar. olive, compart., tr. dor. (*Rel. anc.*).   **600 fr.**

> Riche reliure du XVI° siècle toute parsemée de fleurs (marguerites) et de feuillages
> Aux armes de NICOLAS DE VILLARS, Evêque d'Agen.
> Ce livre a appartenu au savant médecin René Moreau, professeur de médecine et de chirurgie au Collège de France, né à Montreuil-Bellay, en Anjou, en 1587. Il a mis son nom sur le titre et écrit une note en latin sur un des feuillets de garde, de laquelle il semble résulter que ce livre lui a été donné en prix au collège des jésuites d'Agen par l'évêque Nic. de Villars.
> R. Moreau est auteur de plusieurs ouvrages de médecine très estimés dans son temps. « Sa bibliothèque, dit le P. Jacob (*Traité des plus belles bibliothèques*), très accomplie en fait de livres de médecine et de philosophie, ne lui a pas acquis une moins grande réputation que sa doctrine ».
> On a relié à la fin : Ad M. Ter. Varronis assertiones analogiæ sermonis latini, appendix Henrici Stephani item Julii Caes Scaligeri... Henricus Stephanus, 1591.

1546. VOLTAIRE. Collection complète des œuvres de M. de Voltaire. *Genève (chez les frères Cramer),* 1768-1777 ; 30 vol. in-4, front., fig. et port., mar. rouge, dos, orn., fil., tr. dor. (*Rel. anc.*).   **500 fr.**

> Édition illustrée d'un frontispice, de 7 portraits par *Jeannet, de la Tour* et *Gardelle,* et de 42 figures de *Gravelot.*

Le Propriétaire-Gérant : TH. BELIN.

CHATEAUDUN. — IMPRIMERIE DE LA SOCIÉTÉ TYPOGRAPHIQUE